グルジア映画への旅
映画の王国ジョージアの人と文化をたずねて

はらだたけひで

目次

序章　ジョージアと私　5
映画『ピロスマニ』との出会い　5／ジョージアとの日々　8／ジョージア映画の現実　14

第1章　ジョージア映画の独自性　18
ジョージアを信じること　18／ジョージアの歴史　22／ジョージア人の誇り　31／ジョージア人について　35／ジョージアの文化　41

第2章　ジョージア映画の草創期　47
ジョージア映画のベスト　48／ジョージア映画の誕生　49／ロシア革命とジョージア映画　52／ジョージア問題・形式主義批判・大粛清　61／第2次世界大戦とジョージア映画　67

第3章　ジョージア映画の発展　72
世界大戦後のジョージア映画　72／戦後ジョージア映画の特徴　76／テンギズ・アブラゼ監督とレヴァズ・チヘイゼ監督　80／ジョージア映画を支える名門　85／ふたたびジョージア問題、そして民衆の反発　87／テンギズ・アブラゼ監督の『祈り　三部作』　88／エルダルとギオルギのシェンゲラヤ兄弟　112／オタール・イオセリアーニ監督　122／セルゲイ・パラジャーノフ監督　129／ラナ・ゴゴベリゼ監督　136／友人のニクシャとディマのこと　139／ジョージア映画の多様さ　141／ジョージアの女性監督　155／ソヴィエト時代の終焉　158

第4章　ジョージア映画の受難と再生　162
ジョージア独立後の混迷　162／イオセリアーニ監督『唯一、ゲオルギア』　164／蘇るジョージア映画　167／『みかんの丘』と『とうもろこしの島』　171／現代ジョージア映画の視点　178／女性監督の台頭　185／ジョージア映画のアイデンティティ　192／ジョージア映画のこれから　196

附録1　映画『放浪の画家ピロスマニ』について　199
附録2　内なるジョージア　イオセリアーニ監督と画家ピロスマニ　223

終章　今日の映画と世界　229

年表　236
本書におけるジョージア映画の監督と作品　240
参考文献　244

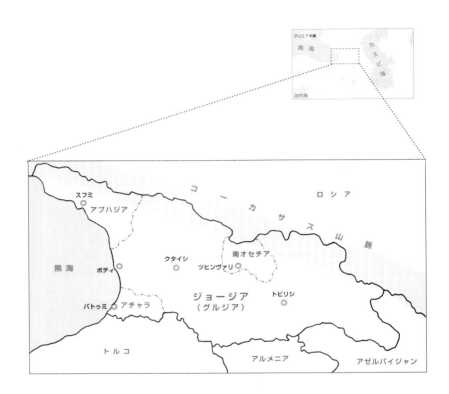

グルジア映画への旅
映画の王国ジョージアの人と文化をたずねて

40年前、1本の映画が私の人生を変えました。
以来、その映画を心のささえに生きてきました。
本書を映画『ピロスマニ』に捧げます。

*1

序章　ジョージアと私

映画『ピロスマニ』との出会い

　東京の神田神保町にある小さな映画館、岩波ホールで、私はスタッフとして43年間にわたって働いてきました。これまでに56カ国、250作品以上の映画の日本公開に携わってきたことになります。そのなかでも1978年秋に公開したギオルギ・シェンゲラヤ監督『ピロスマニ』との出会いは特別でした。映画『ピロスマニ＊¹』は、ソヴィエト連邦の１共和国だったジョージア（グルジア）で作られ、20世

*2

ニコ・ピロスマニ『5人の貴族の宴』

紀初頭に亡くなった実在の画家ピロスマニの人生と作品を描いた作品です。ピロスマニは、その後、日本でも大きな展覧会が催され、貧しい画家の恋を歌った『百万本のバラ』のモデルとしても知られるようになりました。

　ニコ・ピロスマニ、正確にはニコロズ・ピロスマナシュヴィリ（1862〜1918）は、南コーカサスのジョージアで放浪の人生を送った孤高の画家です。彼はチフリス（現在の首都トビリシ）で住まいを転々としながら、日々の糧や酒とひきかえに店の看板や壁に飾る絵を描き、人知れず亡くなりました。絵の多くはジョージアの人物や彼らの暮らし、伝説、動物や静物を素朴な筆致で描いたものですが、今や、ピロスマニはジョージアの人たちに慕われ、彼らの民族の魂を象徴するといわれています。

　映画『ピロスマニ』の清らかで澄み切った世界。私はこの映画をとおして、画家の魂の純粋さ、さすらいの人生、絵の純朴さ、優しさ、こめられた憧れの深さ、あらゆることに魅せられました。この作品は私の人生を変えたといっても過言ではありません。

　シェンゲラヤ監督[*2]は日本の観客にこのような言葉を寄せています。

　「日出づる国の人たちへ。ピロスマニは民衆のなかから生まれ、民族の魂をとりわけ豊かに描いた偉大な画家です。私はスクリーンに彼の人生を描くことによって、私たちの故郷のことや、ジョージアの民族が人生や美に対して抱いている思いも描きました。映画を

とおして日本の観客に、けっして大きくはありませんが、文化的には古い、ジョージアという国について、お伝えできたらと願っています」

　この言葉からは、ジョージアの人たちの自らの文化と風土への熱い思いが伝わってきます。私は前年に国立近代美術館でひらかれた「素朴な画家たち」展で、すでにピロスマニの絵を数点見ていて、つよく印象に残っていました。ジョージアという国があることも、その時に初めて知りました。そしてこの映画によってピロスマニとジョージアのことをもっと知りたくなり、懸命に調べたのですが、当時日本で得られる情報は限られていて、未知の画家と国への思いは募るばかりでした。

　映画の公開にあわせて来日したシェンゲラヤ監督にその気持ちを告げると、彼は真剣な顔をして「ピロスマニを知るためには、ジョージアを知らなければならない」という意味ありげな言葉を返してきたのです。以降、私はジョージアへの旅をつよく願うようになりました。

　3年後、初めてジョージアを訪れました。1981年6月のことです。実は新婚旅行でした。当時、アメリカとソ連は冷戦のさなかで、広くて寒々とした印象のモスクワを経由する、ユーラシア大陸の奥深くへ分け入るような、夢がかなうという期待とともに、不安に満ちた旅でした。

　しかしようやく憧れの首都トビリシにたどり着くと、雨のなか、迎えてくれたシェンゲラヤ監督と息子のニクシャ（ニコロズ）たちから「あなたたちは、ジョージアでは、愛と友情のあたたかさ、それ以外のものを見つけることができない。そして帰るときには別れがつらくて涙を流すでしょう」といわれましたが、本当にその通りになりました。念願のピロスマニの絵を真近に見て感動し、多くの

友人ができて、歴史あるジョージアの民族文化に接するなかで、私たちはこの国の人と文化にますます魅せられてしまったのです。

ジョージアとの日々

　ジョージア出身の詩人ウラジーミル・マヤコフスキーに、このような詩があります。

　ぼくは知っている／エデンの園も天国もばかげたことだ／だけど／もしも歌うとしたら／きっと／あの喜びの地方／グルジアのことだろう／詩人たちが思い描いたのは。（水野忠夫訳）

　私は若い頃に、自分が色弱であったために、大好きな美術の道に進めないことを知り、人生の壁とぶつかりました。そして年齢相応に人間や社会の不条理に思い悩み、10代の後半を高校もまともに通わずに、信州の山間や街の雑踏を彷徨していました。私は転々とするなか、さまざまな人たちと心を通わせるなかで、自分の憧れる世界がきっとどこかにあると信じて、心に描いては探し求めるようになりました。

　その憧れる世界とは、例えていえば、宮沢賢治のいう「ほんとうの幸い」を見出すことができる、原民喜が『心願の国』に書いた「人々の一人一人の心の底に静かな泉が鳴りひびいて、人間の存在の一つ一つが何ものによっても粉砕されない時が、そんな調和がいつかは地上に訪れてくるのを、僕は随分昔から夢みていた」その世界のことでした。

　ですから私が映画『ピロスマニ』をとおして、放浪の画家と、彼が描く世界に魅せられ、ジョージアを私の憧れる心の故郷とイノセントに思ったことは、とても自然なことだったのです。そして、そ

の時からいつの間にか40年の歳月が経とうとしています。

『ピロスマニ』以前にも、ジョージアの映画はソヴィエト映画として、日本で紹介されています。作品名をあげると『原子潜水艦』（1956）、『オセロ』（1960）、『戦火を越えて（原題『兵士の父』）』（1965）などがロードショー公開されています。また日本海映画による"ソヴィエト映画祭"、"ソヴィエト映画の展望"などの特集上映で『白いキャラバン』（1964）、『気にするな』（1968）、『ルカじいさんと苗木（原題『苗木』）』（1973）、短篇の『結婚』（1964）、『傘』（1967）、『少年と犬』（1964）なども上映されています。

岩波ホールでは『ピロスマニ』以降、『落葉』、『エリソ』、『26人のコミッサール』、『インタビュアー』、『希望の樹』、『若き作曲家の旅』、『青い山──本当らしくない本当の話』、『田園詩』、『懺悔』、そして近作の『汽車はふたたび故郷へ』、『みかんの丘』、『とうもろこしの島』、『皆さま、ごきげんよう』、『花咲くころ』等、ジョージア、当時はグルジアの名を前面に打ちだして紹介してきました。

かつて、1980年代のことですが、ソヴィエト映画輸入公団の担当者から、ソヴィエト連邦には、各共和国にたくさんの優れた映画があるのに、なぜ岩波ホールはジョージア映画ばかりを上映しているのかと、怪訝な顔で聞かれたことがありました。

確かに当時、ジョージアはソヴィエト連邦の15ある共和国の1共和国にすぎず、世界的にも、ジョージア映画はソヴィエト映画の一角として考えられていた時代ですから無理もありません。まして欧米映画中心の一般的な視点からは特異に見えたでしょう。

岩波ホール総支配人の高野悦子も、『ピロスマニ』公開直後に、ジョージアを訪れて熱いもてなしを受け、映画だけではなく、美味しい料理とワインを味わい、大いに感銘を受けていました。その影響か、帰国してからは美味しい料理のある国には、よい映画がある

ジョージアと私　9

とさかんに主張するようになりました。加えて社長の岩波雄二郎も、かつてソヴィエト作家同盟の招待で訪れたジョージアには忘れられない愉快な思い出がありました。そこへ輪をかけたように夢中になった私が加わったわけですから、ジョージア映画が多くなることは当然のなりゆきでした。しかしそのような魅力ある風物だけではなく、この国の映画には個性的な伝統文化に根ざした独特な豊かさや力づよさがあると、私たちに思わせるものがありました。そして思いは確信へと変わってゆきます。

　1986年には、池袋の西武美術館で大規模な『ピロスマニ』展が開催されました。同年、新村猛、小宮山量平、下宮忠雄、北川誠一、加固寛子というジョージアに魅せられた各氏と私たち夫婦は集まって、「日本グルジア友の会」を設立しました。年に1回、会報誌を発行しながら、後にメンバーに加わった大谷深氏によるロシア語からの翻訳で、ジョージア中世の叙事詩『豹皮の勇士』を刊行するなど、ジョージアへの思いや、情報をたがいに交換しあって、この国への理解を深めてゆきました。また映画関係者だけではなく、合唱アンサンブル「ルスタヴィ」など、来日したジョージアの文化人とも数々の交流が生まれました。

　その後、1991年春にジョージアは念願の独立を果たし、同年末、ソ連邦は解体しました。しかしジョージアでは、国民の圧倒的な支持で初代大統領になったガムサフルディアと反対派の対立が、市街戦に拡大し、ほぼ同時期に、国内のアブハジアと南オセチアでも分離独立を求める紛争が激しい軍事衝突となり、多くの犠牲者が出ました。社会は混迷、荒廃し、人々は長く厳しい歳月を送ることになったのです。私はジョージアの人々を包んだ破滅的な状況に対して、その惨状に目を覆い、茫然とするばかりで、自分の無力さを痛感していました。

10年ほど前に、ピロスマニとジョージアのことが、ふたたび私の心から離れなくなりました。2001年9月11日の同時多発テロ以降、アメリカの報復攻撃、イラク戦争等、紛争が世界に拡がり、2008年夏には、ジョージアとロシアが南オセチアをめぐって戦争を起こしました。「パンドラの箱があけられたように、憎しみが憎しみを生み、欲望が欲望を生んでいる。私たちは長い歳月をかけて築き、誇りにしてきたものを一瞬にして壊してしまった。人の叡智といわれるものは、いったいどこにあるのか。いのちや文化が、コンビニの商品のように空しく捨てられ、消費されている」と、当時の私は書いています。

　日本では、ＩＴ化が進み、アナログからデジタルへと全てが急速に変わり、経済や効率が優先されるなかで、社会が無機質になり、人間性を疎外して、不寛容になっていると感じるようになりました。

　東西の冷戦はなくなりましたが、世界は混迷を深め、社会は息苦しくなるばかりでした。私は思いつめるなかで、ピロスマニのことを想い、彼のことを改めて大切に思うようになったのです。その気持ちは、詩人の山崎剛太郎さんが記した言葉のとおりです。「ピロスマニの生き方がたまらなく懐かしい。自分でもよく分からないけれど、彼の貧しい日々と、心の豊かさが、対照的に胸に迫ってくる。人は豊かだと、美しいものを見落とすのではないか」

　人は知識とともに心の豊かな力によって生きてきたはずです。しかし今日の物質文明を生きる私たちは、その内面のバランスを知らないうちに壊しているようです。そして欲望にまかせて、昔から人や社会が大切にしてきたものを、気づく間もなく次から次へと失くしているように思えます。

　このような社会にピロスマニの生きる場所はあるでしょうか。それならばピロスマニの生きる場所とはどんなところなのでしょうか。

しかし振り返ってみれば、この疑問こそ、私が若い頃からジョージアに魅せられてきた理由なのでしょう。私はこの問いの答えを見出すために、これまでの人生を費やしてきたのかもしれません。

2009年秋、久しぶりに訪れたジョージアは、独立後の紛争や前年にあったロシアとの交戦の傷跡が、人の心にもトビリシの街にも未だに生々しく残っているように見えました。しかし私は東京では得られない特別な「あたたかい」ものに包まれていました。

人は愚かな行いを飽きずに繰り返し、この世界にはたくさんの悲しみがあります。でもそのなかにも、ささやかですが喜びや美しいものがあることを、このジョージアの旅をとおして知りました。そしてそれらを慈しみ、大切にしなければと痛切に思ったのです。

昔々、天国の神さまは地上の人間たちに土地を分け与えていました。しかしジョージア人たちは宴会に明け暮れて、遅れて着いたら土地はもう残ってはいませんでした。「神さま、私たちは客人をもてなし、神さまに乾杯していたために遅れてしまいました」というと、神さまは感じ入り、自分のためにとっておいたコーカサスの楽園を彼らに分け与え、自分は天国に住むことにしたという伝説がジョージアにはあります。

この話のようにジョージアには「シャングリラ」、美しい桃源郷のようなイメージがつよくあります。しかし、この国の3000年といわれる歴史を振り返ってみれば、他国からの侵略に脅かされ続けて、戦争は絶えることがなく、滅亡と再生を繰り返し、安定していた期間はごく僅かでした。実際、この国の映画や文学の背景に、深いペシミズムを思うことがあります。

そのためでしょうか、ジョージアの文化にはそれらとは正反対の要素が目につきます。ポリフォニーの音楽やタマダが導く宴会など、ハーモニーを第一義にするこの国の文化を考えると、私にとってジ

12

ョージアは人の夢、それも最も美しい夢が現われている場所なのです。この思いはピロスマニが晩年に残した言葉にも現われています。

「兄弟たち、街の中心の、誰からも近いところに、みんなが集える大きな家を建てましょう。大きなテーブルと大きなサモワールを用意して、お茶をのみながら絵や芸術のことを語り合うのです」

憎しみに対して愛、不和に対して和解、戦争に対して平和、ディストピアに対してユートピア、というように、ジョージアの人々は歴史的にアンビヴァレンスのなかを生きてきました。厳しい現実とは対をなす調和のヴィジョンを文化として育んできました。人々は「ここにないもの」を夢見てきたのです。

コーカサス地方は民族の坩堝といわれ、フォークロアも多様で豊かです。ジョージアは小さな国ですが、文化的、歴史的にも大変複雑で、知れば知るほど、果てしない大宇宙を前にしたように、そのカオスのような混沌とした奥深さには、途方に暮れて立ちすくんでしまうほどです、しかし、そこから生まれた文化や伝統、とくに芸術は個性的、なおかつ魅力的であり、私は困難を予感しながらも、この魔法の森に分け入りたいという気持ちを抑えきれませんでした。

それにしてもピロスマニとジョージアに、これほど長い歳月をとらわれることになるとは。もしかしたら私のいつまでも拭うことのできない厭世的な資質と「ここにないもの」への憧れが、ジョージア人の心根にあるものと、どこかで通じていたのかもしれません。

しかし私は時間さえあればこの国のことを知ろうと努めてきたつもりですが、未だにわからないことがあまりに多く、いつも出発点のあたりでうろうろしているばかりだと痛切に感じています。

その後、私はニコ・ピロスマニについて3冊の本を上梓する機会に恵まれましたが、長年勤めてきた岩波ホールを、65歳の定年で退く間際になって、日本だけではなくおそらく世界でも、ジョージア

ジョージアと私　　13

映画の素晴らしさ、その歴史や作品について書かれたものがほとんどないことに気がつきました。このことは、このコーカサスの小さな国に関心をもつ人がとても少ないという現実を考えればもっともなことです。しかし今日、時代の急速な変化とともに人間にとって大切なことが次々と失われていくなかで、少なからずジョージアに関わってきた者として、この国の映画について知る限りのことを記しておくことは、私の義務だと考えるようになりました。

　今日、世界の国々は対立、そして衝突し、さまざまな問題が複雑に絡み合い混沌としていて、先の見えない終末的な状況が続いています。刻々と変わる日々の報道に鬱々とするなかで、ジョージア映画を調べていると、忘れていた宝を見つけたように、しばしば人間的な心の温もりと出会いました。

　映画という幻影には、その時代の人と社会の真実が映し出されます。とくにジョージア映画には、その当時の人たちの熱い思いが大地の胎動のように豊かに表わされていました。この国の映画と人の関係の深さに思いをめぐらせると、「人民の、人民による、人民のための」という言葉が、改めて思い起こされます。

ジョージア映画の現実

　2016年春、私はジョージアのトビリシで、ジョージア映画遺産保護協会の会長マリナ・ケレセリゼ[*3]さんにお会いしました。彼女はソヴィエト時代から今日までの長い歳月を、自国の映画を育て、守るために、身を粉にして働いてきた人です。彼女がジョージアの映画を、わが子を語る母親のように話す姿には心を動かされます。

　私は彼女に世界の映画状況が大きく変わってゆくなかで、あえて

*3（左）
*4（中）
（右）国立フィルムセンター
　ブ・マガラシュヴィリさん

　ジョージア映画の旧作を日本で紹介したい、そのために力をかして欲しいとお願いしたところ、返ってきた言葉は悲しむべき事実でした。2004年に起こったビル火災で、そこに保管していたジョージアの劇映画のポジプリントの全てが焼失してしまったのです。しかし、幸か不幸か、ソヴィエト時代の数多くの作品のネガは、ロシアのゴスフィルモフォンドに保存されていました。

　2008年にジョージア、ロシア間で起こった戦争のために、以前よりさらに悪化していた関係も、この2、3年ようやく改善の兆しが見えてきました。ケレセリゼさんたちは、国内のフィルムの映写機はすべて壊れているので、ロシアにあるネガフィルムをデジタル化して買い戻すように、ジョージア政府に働きかけようとしているところでした。

　その年の秋に、両国間でジョージア映画の返却をめぐる協定が結ばれたというニュースを知って喜んでいたのですが、しばらくして調べてみたところ、まだなにも動いてはいませんでした。

　ケレセリゼさんに尋ねると、ネガフィルムからデジタル化するためには、1時間半の長篇で1作品300万円近くもかかるのです。現在のジョージア財政にとっては大変な高額であり、数百本ある作品を全て買い戻すことはとうてい不可能であり、私には夢物語のように思えました。

　しかし2017年7月にジョージア国立フィルムセンターのダヴィト・ヴァシャゼ*4さんを訪ねると、7作品戻っていることを知らされました。さらに同年12月18日付のトビリシの新聞では、デジタルで

ジョージアと私　　15

はなくフィルムですが、11作品戻ったと報道されています。ある新聞によると、モスクワにはまだ706作品のジョージア映画があり、政府は今後7年をかけて全てを買い戻そうとしているようです。

　このことから他人事ではない問題も浮上します。世界の主要国では、この10年間で映画の製作や上映が、意図的な場合を除いてデジタルへと移行されました。日本でもフィルムの映写機の多くが破棄され、フィルムに字幕を入れる機械も1台を残すばかりです。しかしフィルムのデジタル化に高額の費用がかかるならば、作品の取捨選択はまぬがれません。今世界にあるフィルム映画のうち、その多くが忘れ去られ朽ちてゆく運命にあります。またフィルム映画が幸いにアーカイヴに保存されたとしても、身近にフィルムの映写機がなくなるなか、一般人が観られる機会はきわめて少なくなります。2018年、日本では新たに「国立映画アーカイブ」が創設されました。保存と利活用を掲げる今後の活動にとても期待しています。

　デジタル化についてはさまざまな議論がありましたが、急速に津々浦々に普及した背景には、ハリウッドの映画産業を中心とした大会社の営利主義、つまり資本の論理があり、その問答無用とも思える要請に従わざるをえなかった各国の映画機関の弱さがあります。その結果として、映画の多様性が失われようとしているのです。

　時代の奔流はもう止めようのない所まできてしまいました。さらにスマートフォンの普及やインターネットによる映像配信等によって、もはや映画は映画館のスクリーンで観るものではなくなろうとしています。果たして映画はどこへ行くのでしょうか。

　私としては、ジョージア映画について本を著すにあたり、手を尽くしましたが、観られなかった作品が数多くあることをお詫びしなければなりません。40年近くの間に収集してきた断片的な資料、知人友人の援助、ジョージアの仲間の得がたい協力、そして苦労して

ようやく観られた僅か百数十作品の映画をもとに、多くは私の経験をたよりに書き進めました。そして大きな障害として、私はジョージア語を挨拶程度しか理解できません。ようやく観られた映画も言葉がわからないために、思い違いも多々あるのではと心配です。ですから本書はあくまでも入門、あるいは概論と考えていただきたいと思います。

　ジョージア人という言葉の扱いも難しく、ジョージア語を話す人、広義にはカルトヴェリ語族と総称されるジョージア語、メグレル語、スヴァン語、ラズ語を話す人たちを指すといっても、これでは日本人と同様に定義にはなりません。個人的にはジョージア語を話せる鼻が立派な三角形の人と密かに定義しているのですが、純粋なジョージア人は金髪で青い眼をしているといわれています。しかし今日、民族は混淆し、そのような人を見かけることはめったにありません。そういう意味で私はこの本では曖昧に使用しています。

　さらにお断りしなければならないのは、ジョージアでは劇映画だけではなく、ドキュメンタリーやアニメーションも数多く作られてきました。この分野でも傑作は多く、魅力ある作品が多くありますが、これらについては別の機会に譲りたいと思います。

　2015年より、日本政府はジョージア政府の要請に応えて、呼称をグルジアからジョージアに変更しました。しかしその名から缶コーヒーか米国のジョージア州を思い浮かべる人が多く、実際にパソコンで検索してもそれらが一緒に出てきます。いつかは定着するでしょうが、多くの関係者は長い間グルジアといってきたので、この変更には大変違和感があります。もう少し議論があってもよかったと思います。ちなみにジョージアの人々は自国をサカルトヴェロ（カルトヴェリ＝ジョージア人のいるところ）と呼んでいます。

ジョージアと私　　17

第1章　ジョージア映画の独自性

ジョージアを信じること

　「ジョージア映画はジョージアのワインのようだ。何ものにも変えがたい。ロシアやほかの旧ソ連邦の人々は、ジョージア映画からユーモアの酸いも甘いも学びとり、トリルの音色からジョージア民謡が好きになり、アブラゼ監督『祈り』の厳しい沈黙に耳をそばだてて賢くなった」（コムソモリスカヤ・プラウダ紙）

　ジョージアの映画人に、この国の映画について教えてほしいとお願いすると、彼らはまずジョージアの風土や歴史、文化を説明することから始めます。映画を語る前に、自らの民族文化を知ってもらうことから始めるという彼らの自負は、とても興味深いことです。

　『ロビンソナーダ』（1986）のナナ・ジョルジャゼ監督は「ジョージアは私にとってすべてです。私の祖国であり、人生であり、運命であり、私の子どもの運命と未来でもあります。私のすべてはジョージアと結びついています。ジョージアを除いて私の仕事も人生も考えられません。ほんの僅かでもジョージアのために貢献できればと、ただその思いだけで生きて、仕事をしているのです」（水野忠夫氏の取材より）と熱く語っていました。

　2017年に、『花咲くころ』（2013）に主演した18歳になったばかり

*5（右）
*6（左）

のリカ・バブルアニ*6さんとお会いしたときに、彼女が「私はジョージアを愛しています。ジョージア人であることをとても誇りに思っています。とても好きです。素晴らしい国です」ときっぱりといったことも忘れられません。

かつて映画『ピロスマニ』のギオルギ・シェンゲラヤ監督は「ピロスマニを知るためには、ジョージアを知らなければならない」といいました。この言葉は、およそ100年前にグリゴル・ロバキゼという作家が著した「ピロスマニを見ることは、ジョージアを信じること」(1922) という有名な言葉を踏まえていると考えられます。

しかしこの考えはピロスマニに限らずジョージアの芸術全般にいえることだと思います。すなわち「ジョージア映画を観ることは、ジョージアを信じること」なのです。こういういい方が許されるならば、ジョージアの映画人は、映画をとおしてジョージアへの愛を表明していると思えることがしばしばあります。

もちろん日本の文化にも同様のことがいえるでしょう。私たちには優しくおだやかに変化する四季の自然があり、その風土で育まれた誇るべき文化があります。私自身の感性も表現も日本人であることをつよく自覚しています。しかし同じ四季があっても、ユーラシア大陸のほぼ中央、アジアの西の果てでヨーロッパの東の果て、ヨーロッパとアジアの狭間に位置し、宗教も文化も異なる国々にかこまれたジョージアは、極東の島国日本とは大きく異なります。

ジョージアはコーカサス山脈の南に位置し、面積は日本の18％、北海道と比較すると84％、紛争中のアブハジアと南オセチアを除く

と68％の小さな国です。2017年現在の人口はおよそ370万人です。

　ロシア連邦、アゼルバイジャン、アルメニア、トルコと国境を接し、北には5000メートル級のコーカサスの山々がそびえる高山帯があり、緑が豊かですが、南東には砂漠もあります。東から西の黒海沿岸へ移るとともに、気候は大陸性から亜熱帯性へと多彩に変化してゆきます。

　コーカサス地方は、民族の坩堝といわれているように、ジョージアには、ジョージア人のほか、アゼルバイジャン人、アルメニア人、ロシア人、オセット人、ギリシア人、クルド人など、宗教や言語の異なる数多くの民族が暮らし、民族間の対立もジョージア内だけではなく、北コーカサスのチェチェン共和国や隣国アゼルバイジャンのナゴルノカラバフなどであり、歴史的にも大変複雑です。

　平和で賑やかなトビリシから数時間、美しい緑のなかをしばらく車で走れば、国境にぶつかります。地域によっては紛争が起こっているので立ち入ることは危険です。ジョージアの知人が呟いた「私の国が日本のように島国だったら、どんなによかっただろう」という言葉を、私は忘れられません。

　古い歴史があるジョージアは、かつてはシルクロードのキャラバンサライがあり、多くの民族がゆきかう文明の十字路でした。そのために地政学的に重要な地域であったこともあり、他国からの侵略を絶え間なく受けてきました。しかしその長く苛酷ともいえる歳月のなかで、ジョージアの人たちは、独自の言語、文字、信仰、伝統等を守りとおしてきたのです。これは奇跡としか思えません。彼らは何よりも自らの文化を守るために、度重なる侵略者の攻撃に屈することなく、命を賭けて戦ってきました。ジョージア人が自らの文化を誇りに掲げるのも心からうなずけます。

　ジョージアと日本は、風土や文化の違いだけではなく、人間性も

当然のことながら異なります。ジョージア人には、私などよりずっと大らかな時間が流れていて、私は彼らの人生に大自然の緩やかなめぐりの時を重ねます。大地や太陽の豊かな恵みを受け、風雪の厳しさも甘受する1本の樹木を思い浮かべます。

雲がゆく／おれもゆく／アジアのうちにどこか／さびしくてにぎやかで／馬車も食堂も／景色も泥くさいが／ゆったりとしたところはないか／どっしりした男が／五六人／おおきな手をひろげて／話をする／そんなところはないか／雲よ／むろんおれは貧乏だが／いいじゃないか　つれてゆけよ　　　　　　　　　　　（谷川雁『雲よ』）

人間というのは、なんて多彩で不思議な生きものなのでしょう。地球に生きる人たちのめくるめく多様さ。異なる環境で生まれ、異なる思いをもつ人たちと心を通わせて、同じ人間であることを確認することに私は喜びを覚えます。その喜びの出発点が、私には『ピロスマニ』というジョージアの映画でしたが、その旅の終着点もジョージアの人と大地にあるのかもしれません。

映画は第7の芸術といわれています。ジョージア映画の草創期には、演劇、文学、美術など、異なる分野で活動していた芸術家たちが、映画という近代のメディアを、これまでの芸術を統合する「終局的な」総合芸術としてとらえ、映画製作に転向して、その表現の可能性を情熱的に追及しました。この時代の作品からは、誕生したばかりの映画という芸術の新鮮さ、多様な可能性、自由で混沌とした豊饒さを感じます。

しかし、その後のジョージア映画の道のりは、なんと波乱に富んでいたことでしょうか。20世紀の激動のさなか、束の間だった独立、ロシア革命、ロシア・アヴァンギャルド、ジョージア問題、形式主義批判、スターリンの粛清、全体主義、第2次世界大戦、スターリ

ン批判、雪解けと停滞、ペレストロイカ、ソ連邦の解体、独立後の内戦と紛争など、ざっと思い浮かべるだけでも十指に余る大きな出来事がありました。

　ジョージア映画の歴史を辿りながら痛感することは、政治の圧力や時代の影響を受けながらも、それらに屈することのなかった映画人の表現への熱い思いです。そして彼らが映画にこめたジョージアの風土と文化、人々への愛です。またその思いに応えてきたジョージア人の映画への変わることがない愛です。私は彼らのことを思うと、愛、夢、情熱、誇り、勇気という5つの言葉が心に浮かびます。ジョージア人にとって、ジョージア映画はとても身近な存在であり、その親密な関係は今日も続いています。ジョージアは知られざる映画の王国なのです。

ジョージアの歴史

　1991年に独立したジョージアは内戦や紛争が続いて混乱のさなかに置かれていましたが、1995年春、岩波ホールでは「グルジア映画の巨匠たち」と題して、ジョージア映画の特集上映を行いました。当時の私のメモには、ギオルギとエルダルのシェンゲラヤ兄弟、そしてオタール・イオセリアーニ、3監督の言葉が記されています。

　「ジョージアはつねに外国からの影響を受けてきました。西からギリシアやローマ、後にビザンティンの影響を受け、東からは主にペルシアの文化を吸収してきました。これが私の国の文化の特徴なのです」ギオルギ・シェンゲラヤ監督

　「ジョージア映画は、この国の人々のためのものであり、ジョージア民族の生活、希望、考え、芸術を描いています。そのために私

たちの映画は世界中の映画のなかでも、独自の位置を占めているのです」エルダル・シェンゲラヤ監督

「1801年に、ロシアに併合されて以降のジョージアは、ロシアの影響なしには描けません。その後のソ連邦時代を含めて、双方の人たちは同じように不幸な時代を過ごしたのですから」オタール・イオセリアーニ監督

このように3監督とも、歴史的に周りの国々の影響を受けながら、独自の文化を守ってきた自国と映画の関係を語っています。そしてイオセリアーニ監督の言葉からは、19世紀以降、ジョージアはロシアとの関係が良し悪しはともかく密接であり、そのことを抜きにしてジョージア映画を語れないこともうかがえます。

映画史家でもあるマリナ・ケレセリゼさんは「ジョージア映画は、民族的なルーツや、現実の社会との繋がりを失うことは決してありませんでした。そして独自の土壌で発展しながらも、他の文化に対して開かれていました。民族性はある種のコスモポリタニズムと自然に融け合っていたのです。その上で理想の実現を追い求めることがジョージア映画を特徴づける独自性でした」（児島康宏訳）と語っています。

ギオルギ・シェンゲラヤ監督がいうように、ジョージアは東西で歴史や文化が異なります。東ジョージアはペルシアやアラブなどの西アジアの国々、西ジョージアはギリシアやローマ、ビザンティンなど、地中海地域の影響をつよく受けてきました。

ジョージアの南部にあるドゥマニシから、ユーラシア大陸の人類の元祖といわれる約180万年前の原人の化石が発見されました。ジョージアの歴史はその頃から始まります。その後、紀元前5000年頃に新石器時代があり、紀元前4000年頃に青銅器時代がありました。

紀元前6世紀には、西部にコルキス（コルヒダ）王国、紀元前4

ジョージア映画の独自性　23

世紀、東部にイベリア（カルトリ）王国が誕生しました。

　ギリシア神話のアルゴー船の遠征、王女メデアや金羊毛の物語の舞台は西ジョージアであり、アマゾネスの伝説や、プロメテウス（ジョージアではアミラン）が磔になった舞台はコーカサスの山々といわれています。その後、コルキス王国はローマの属領になり、イベリア王国もペルシアの影響を受けます。

　西暦337年頃、カッパドキア出身の聖ニノによって、東ジョージアがアルメニアに次いで、世界で2番目にキリスト教を国教に定めます。このことは、この国の運命を決定づける出来事であり、以降、周辺の国々との戦争が絶え間なく続く要因にもなりました。

　5世紀、東ジョージアのイベリア王国ではヴァフタング・ゴルガサリ王がトビリシを都に定め、6世紀に息子のダチ王が近郊のムツヘタから遷都します。その後、ゾロアスター教のササン朝ペルシアとの戦争に敗れて併合され、西ジョージアはビザンティン帝国に併合されます。7世紀にはイスラム勢力が急速に拡大するなかで、アラブなどの侵略や支配を受けて大きな影響を受けてゆきます。

　しかし8世紀末から東ジョージアのバグラティオニ家が力をつけてゆき、10世紀末にバグラト3世が国の大部分を統一して、西ジョージアのクタイシに中世ジョージア王国を作ります。11世紀、「建設王」と呼ばれるダヴィト4世は王国をさらに強固にして、修道院や学問のためのアカデミーを創設し、他国に多くの留学生を送るなど、学芸の復興に努めました。

　12世紀から13世紀初頭にかけては、ジョージアが最も安定し、繁栄した時代です。1184年に即位したタマル女王に象徴されるこの時代、ジョージアは南コーカサス全域を統治して、多くの教会や修道院が作られ、文芸、学術も興隆、高度な文化を形成して、西欧よりも早くルネサンス＝人文主義が誕生したといわれています。タマル

*7

女王は、今でもジョージアの人々に大変敬愛されています。当時の歴史家は、このように記しています。「家々では、タマル女王を讃えて詩を詠んだ。指輪や剣の銘にもタマル女王を讃える言葉が刻まれ、人々の唇は、女王を讃えんがために開かれた。若者は皆、牧童も農夫もタマル女王の詩を吟じた。ペルシアの楽士は女王を讃えて竪琴を奏で、フランク人もギリシア人も船乗りたちも順風にのって女王を讃える歌を歌った。かくて女王の栄光は全世界を覆い、その名の聞かれぬ所はなかった」(片山ふえ訳)

またこの時代に、宮廷詩人ショタ・ルスタヴェリによって書かれた叙事詩『豹皮の騎士』は、インド、アラブ、ペルシア等、ユーラシア大陸の広域を舞台に、民族の異なる騎士たちが活躍する友愛の物語です。今でもこの書物はジョージアの人々に聖書のように大切にされています。

後年、画家ニコ・ピロスマニは、この時代のタマル女王と詩人ルスタヴェリを何度も絵にしていて、「タマル女王はジョージアの母、ルスタヴェリは、ジョージアの栄光」と語っていました。

現代のジョージア人も、このジョージアの黄金時代にはつよい郷愁を抱いていて、映画や文学に両者の名前はしばしば現われます。今日の国旗もこの時代のものが使われています。*7

『ピロスマニ』の公開のために、理論社でジョージア関係の書籍を出版していた小宮山量平さんには何度も教えを請いました。小宮山さんはジョージアの人々は「友愛」の精神をとりわけ大切にしていると強調し、その精神はジョージアの12、3世紀の叙事詩『豹皮

の騎士』（理論社版は『虎皮の騎士』）に高らかに謳われていて、ジョージア人の国を愛する心は、この詩に表わされた南国的な友愛と純愛を抜きにしては語れません。それは私たちのいう国粋主義と同義語のような民族主義の意味合いとは異なって、外に対して開かれたものです。私たちは西欧の近代的価値観とは異なる立場から、この時代の理想主義的な考えを積極的に考えなければならないと、明言していました。

大谷深さんが訳した『豹皮の騎士』（ＤＡＩ工房版は『豹皮の勇士』）のあとがきに書いていることも興味深いです。要約しますと、ルスタヴェリは、人は死の前では、本質的にみな平等であり、富も財産も関係はないと説き、物語の主人公たちは、この無常の世界で生きる意味を愛に求め、その愛を貫くために友を愛し、さらに国を越えて人々を愛しました。

彼らは愛のために大いに苦しみますが、生きる歓びを阻害するものと闘うことに、人生の意義を見出そうとしました。愛と友情、兄弟愛をもとにしたこの12世紀の人道主義の立場こそ、ジョージア・ルネサンス、東洋のルネサンスと呼ぶべきものといっています。

このような人生に対する姿勢は、ジョージアの人々の日々の生活やジョージア映画のテーマにしばしば見出すことができます。

タマル女王の死後、ジョージアはモンゴルに支配されますが、14世紀に「光輝王」と呼ばれるギオルギ5世が、モンゴルを放逐し、ジョージアを再統一します。しかしその後、15世紀にかけて、ティムールの侵略で王国はふたたび崩壊します。ジョージアはカルトリ、カヘティ、イメレティの三つの王国に分裂、ほかにも五つの公国が生まれました。日本の戦国時代のような感じだったのでしょうか。国の存亡を賭けた戦争や駆け引きが、途絶えることなく続きました。

16世紀以降、西ジョージアはオスマン帝国、東ジョージアはサフ

ァヴィ朝ペルシアのイスラム国によって2分され、さらに北からの
ロシア大公国の台頭によって、コーカサス地方は分割されて、それ
らの国々の激しい勢力争いの舞台になりました。

　18世紀後半、カヘティ王国のエレクレ2世はカルトリ・カヘティ
王国を建て、東ジョージアを統一しましたが、ペルシア、トルコな
どの勢力から守るために、1783年に強国のロシア帝国と条約を結び、
ロシアの保護国となりました。しかしロシアは条約を守らず、ジョ
ージアはペルシアの激しい攻撃を受けて大きな打撃を受けました。

　そして1801年、ロシア帝国によって東ジョージアは併合され、ト
ビリシはチフリスと呼ばれるようになり、カフカス総督府が置かれ
て、19世紀後半にはジョージア全土がロシアの支配下に置かれまし
た。そのなかで徹底したロシア化政策が実行されてゆきます。一方
でその傾向に対してジョージア人による民族再興運動も盛んになっ
てゆきました。この時代の代表的な作家としてイリア・チャフチャ
ヴァゼ、ヴァジャ・プシャヴェラ、アカキ・ツェレテリ、アレクサ
ンドレ・カズベギ等があげられます。画家のニコ・ピロスマニもこ
の時代の人です。

　ジョージアと大国ロシアは、因縁の関係とでもいえるのでしょう
か。仲の複雑な兄弟のように、政治的にも文化的にも大きな影響を
与え合ってきたようです。政治的にはいろいろと軋轢がありますが、
プーシキン、レールモントフ、トルストイから始まって、ロシアの
文豪はこの地に魅せられ、後世に残る作品を残し、ジョージアの芸
術家はロシアをとおして、近代ヨーロッパの文化、芸術を吸収して
ゆきました。

　第1次世界大戦、1917年の二月革命、十月革命があり、1918年5
月26日にジョージアは念願の独立を果たして、メンシェヴィキ（社
会民主労働党）によるジョージア民主共和国が誕生します。ちなみ

*8

に今日のジョージアではこの年を独立した年、この日を独立記念日と定めています。

しかし1921年2月に、ともにジョージア出身のヨシフ・スターリン（ジョージア名はジュガシュヴィリ）とグリゴル・オルジョニキゼが率いる赤軍＝ボルシェヴィキの攻撃を受けてソヴィエト政権下に置かれ、メンシェヴィキ政権は亡命します。そして1922年12月、ジョージアは、アルメニア、アゼルバイジャンとともにザカフカスソヴィエト連邦社会主義共和国になりました。ソヴィエト社会主義共和国連邦が成立し、スターリンがソ連共産党書記長に就任します。

ジョージア人の知人たちはこのことを「ジョージアはジョージア人によって奪われた」という言い方をしていました。しかし2017年、トビリシに遺されている若きスターリンたちの活動の拠点だった地下アジトを見学した際、ガイドをしてくれた年配の女性が情熱的にスターリンの共産主義運動を語る姿に、私は未だに一言では片付けられないこの国の複雑な歴史を垣間見たような思いがしました。

1988年のことですが、私はカンヌ国際映画祭に参加する途中、高野悦子と、パリ郊外にあるジョージア人の村ルーヴィル・シュール・オルジュを訪ねたことがあります。1921年のボルシェヴィキとの6週間以上にわたる戦いに敗れ、フランスに亡命した政府が、翌年、ここの土地を購入しジョージア人村を築いていたのです。

村人たちは昼日中から宴会を催してくれ、私たちはジョージア式

の歓待を受けました。彼らの墓地でメンシェヴィキ政権の代表だったノエ・ジョルダニアの墓[*8]を見つけたときは感慨深いものがありました。村の記念館には亡命時の記録が保存され、村人たちがジョージアの生活風習を守り、代々受け継いでいる様子も見ることができました。

　1936年12月に、ジョージアはソヴィエトの独立した1共和国になりますが、その頃、政治の嵐が激しく吹き荒れていました。スターリンによる1937年を頂点とする大粛清です。多くの知識人、芸術家、一般人が、いわれなき罪で抹殺されました。さらにジョージアは、第2次世界大戦でも多数の戦死者をだし、大きな苦難を経験することになります。

　戦後、ジョージア人の民族愛と自由への思いは、中央政府の抑圧に対して、反旗をひるがえす大きな行動に度々表れました。

　1953年に、スターリンが死去します。1956年2月、ソヴィエト連邦共産党第20回大会で、フルシチョフによるスターリン批判が行われ、3月9日、「第1次トビリシ事件」と呼ばれるスターリン批判にともなう発言に反発した民衆への弾圧では、100人以上の死者、数百人の負傷者がでたといわれます。そして1978年4月14日には、ジョージア語を国語とすることを除いた新憲法草案に反発する大規模なデモが起こりました。

　1985年3月、ゴルバチョフが書記長に就任し、7月にジョージアからエドゥアルド・シェヴァルドナゼを外務大臣に迎えてからの、ペレストロイカ（建て直し）、グラスノスチ（自由な言論）の画期的な改革は内外に大きな影響を及ぼしました。

　1989年4月9日、アブハジア自治共和国で分離独立の動きが高まるなか、トビリシでソヴィエト政府に抗議をしていた民衆に、軍隊が弾圧を加え、妊娠中の女性をふくむ21人（公式発表では19人、活動家

によると50人以上）の犠牲者が生まれました。そのことに抗議してジョージア国民は激しく反発します。「第2次トビリシ事件」、「4月9日の悲劇」と呼ばれています。

そのちょうど2年後、1991年4月9日にジョージアは独立を宣言、5月26日に念願の独立を果たし、ソヴィエト連邦から離脱します。

12月21日にソ連邦は解体しますが、その翌日、ジョージアでは、圧倒的な支持を受けて初代大統領となったズヴィアド・ガムサフルディアの強権に対し、反対する勢力が軍事クーデターを起こしました。市街戦に拡大し、人々がたがいに銃を向けあった「トビリシ内戦」ともいわれる戦闘は、ジョージア人の心に癒えることのない傷を残しました。

さらに1980年代末から顕在化していた、ジョージア内のアブハジアと南オセチアでも分離独立の問題が紛争に発展しました。南オセチアに続いて、アブハジアでも1992年夏に激しい武力衝突が起こり、この「アブハジア紛争」によって多くの犠牲者と約25万人もの難民が生まれました。これらの紛争はジョージア社会に決定的なダメージを与えます。

逃走したガムサフルディア派は、大統領に迎えられたシェヴァルドナゼに対して抵抗しますが、ガムサフルディア自身は逃避行の末、1993年暮れに西グルジアのヒブラ村で謎の死を遂げます。そしてモスクワから帰り、新しい大統領となったシェヴァルドナゼのもとで、エルダル・シェンゲラヤ監督やラナ・ゴゴベリゼ監督など多くの映画人が、国の再建のために政治家として働くようになりました。

2003年のバラ革命によって、翌年、大統領に就任したミヘイル・サアカシュヴィリは、シェヴァルドナゼ政権にはびこっていた賄賂、汚職など腐敗を一掃してゆきますが、親米欧、反ロシア姿勢をつよく打ち出し、2008年8月に、南オセチアをめぐってロシアと起こし

た「ロシア戦争」は新たな禍根となってゆきます。

　しかしそれから今日までの約10年の変化は目覚しいものがあります。2012年の選挙でサアカシュヴィリは敗北、実業家ビジナ・イヴァニシュヴィリが率いる「ジョージアの夢」が勝利を収めました。現在はさまざまな政治勢力が台頭し、ジョージアがこれからどのような時代を迎えるのか、先行きは依然不透明ですが、新しい建築物が急速に増えて街の景観は大きく変わっています。インフラも整備されて、観光客も大幅に増えているように思います。

ジョージア人の誇り

　ジョージアの人に、ジョージア人として大切なものは何かと尋ねると、多くの人が宗教、言語、そして葡萄＝ワインの三つをあげます。

　ジョージアの主な宗教は、ジョージア正教（キリスト教）です。人々の信仰は篤く、4世紀のはじめに、カッパドキア出身の聖ニノによって東ジョージアにもたらされました。東ジョージアを統治していたイベリア王国のミリアン王とナナ王女が、アルメニアに次いで世界で2番目にキリスト教を国教に定めました。以降、ジョージアは信仰を守るために、ペルシア、アラブ等、異教の国々との戦いが宿命となったわけです。

　特に19世紀、ジョージアはロシア帝国に併合されて、ロシア化政策が徹底されるなか、ロシア正教を強要され、教会は閉鎖され、修道僧が殺されるなどの迫害を受けましたが、人々は屈することなく抵抗し、20世紀半ばに今日の権利を取り戻しました。

　守護聖人は、竜を退治する姿で知られる聖ギオルギ[*9]です。ジョー

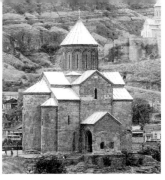

＊9（左）
＊10（右）トビリシのメテヒ教会

ジアにいくと、ギオルギ、ニノ、タマルなどの聖人や偉人の名前が多いことに驚きます。人々はギオルギをギヤやゴギなど、さまざまな愛称で呼び分けて、それによって親密感が生まれているようです。教会の種類の多さにも驚くでしょう。ジョージア正教、ロシア正教、アルメニア正教、カトリック、ユダヤ教、イスラム教と多様です。そのなかでもジョージア正教会の円錐形の屋根に親密感をもつ人が多いのではないでしょうか。ロシア正教の玉葱形、アルメニア正教の厳格さとは異なり、端正、優美という言葉がふさわしい形です。専門家ではない私は、この地域に、この特別な形が生まれた秘密を知りたいと思っています。

　今日、ジョージア正教徒は人口の80％以上を占めます。アブハジアやアチャラにはイスラム教徒が多く、ほかにも教会の種類が示すようにさまざまな宗教が信仰されています。

　またこれらの宗教より古くから存在する土着の信仰も、地方ではキリスト教と入り混じって今も伝承されているようです。伝説や昔話から想像するしかないのですが、山や森や湖、太陽や樹、火や水など、自然界に存在する精霊は、人と風土との関わりの現れでもあり、人が生きてゆくために、今でも大切なものだという考えが、現代ジョージアの映画のテーマに生まれてきています。

　ジョージア語はインド・ヨーロッパ語族（英語、ロシア語など）、

ადგდევზთიკლ
მნოპჟრსტუფ
ქღყშჩცძწჭხჯჰ

チュルク語族（トルコ語など）、アフロ・アジア語族（アラビア語など）
など、周囲の系統とは異なる南コーカサスのカルトヴェリ語族とい
う小さな語族で、隣のチェチェンやアブハジアの言語とも異なりま
す。ジョージアの西部やトルコ東部で話されるメグレル語、スヴァ
ン語、ラズ語も同じ系統です。

　ジョージアの独特な文字はキリスト教がもたらされた4世紀頃に
誕生し、信教を広めるために、聖書の翻訳と関係があるといわれて
います。その後、文字のスタイルは2度大きく変わりましたが、3
種類ともユネスコの無形文化遺産に登録されています。

　現在使われている文字[*11]は、11世紀頃に定着したまるいカーヴが印
象的な、他国では見られない独特な書体で、文字の数は33です。戦
乱が続くなか、他国の支配下におかれても人々に大切にされてきま
した。

　ジョージアは肥沃な土壌に恵まれて、農業が盛んであり、特にこ
の地域はヨーロッパ系の葡萄の原産地といわれています。葡萄とジ
ョージア人は切り離すことができません。彼らの魂であり、生命そ
のものです。かつてジョージアの戦士は胸に葡萄の枝を入れていま
した。自身が死んでも、そこから葡萄の木が育つことを願ってのこ
とです。侵略者は葡萄を絶やそうとしますが、葡萄の根は深く、切
られても焼き払われても、蘇えって今日に至っているといわれます。

ジョージア映画の独自性　　33

＊12（左）
＊13（右）

　ワインは、この地域の発祥といわれ、8000年の歴史があり、この地方の葡萄を、伝統的な醸造法で作った果実味豊かな深い味わいが特長です。以前、ジョージアの人に「何度も他国によって滅亡の危機にさらされてきたのに、その度に復活してこられたのはなぜか？」と聞くと、彼は「酒（ワイン）を止められなかったからだ」と答えました。最初は冗談かと思いましたが、この国の人々と葡萄の密接な関係を思うと、真実をいい得ているのかもしれません。

　東部のカヘティ地方へゆくと一面に葡萄畑が広がります。トビリシの中心街でも、住居の中庭には葡萄がツタを広げています。家庭では大きなガラス器に入れた自家製のワインがふるまわれ、美しいラヴェルが貼られたボトルは輸出用か高級レストラン向けです。葡萄の種類は約500種あり、欧米では見られない珍しい品種ばかりです。ワインはユネスコの無形文化遺産に登録されたクヴェヴリ[*12]という土甕を使った伝統的な醸造法で作られています。ソヴィエト時代は工場生産が主流だったようですが、独立後、大きな輸出先であったロシアとの関係が悪化するなかで、古代からの製法が見直され、有機農法を主体にした質の高いワインが多く作られるようになりました。この製法は土壌の質、気候の変化など、自然環境へのとても繊細な感性を必要とする製法です。素朴ではありますが、自然の営みにかなった究極の製法だと思います。

　ワインはキリストの血の象徴とされるように、ジョージア正教と深い関わりがあります。この国にキリスト教をもたらした聖ニノは、葡萄のまがった枝を髪で結いて十字架にしました。その十字架を

人々は葡萄十字[*13]と呼んで尊び、とても大切にしています。

ジョージア人について

　純粋なジョージア人は金髪で碧眼といいますが、実際には髪の色、眼の色、表情、体格も千差万別、さまざまな民族の血が混淆しているので、見た目はとても多様です。ジョージアの女性は「葡萄のつるのように美しい」といわれますが、ペルシア風、ギリシア風など、彼女たちの美しさの印象は大きく異なります。余談ですが、コーカサスのカズベキ山の麓で、村の民家に泊まったとき、そこの10代半ばのお嬢さんが息をのむほどに美しく、絵に描いておけばよかったと今でも悔やまれます。

　ジョージア人であることは名前を聞けばすぐわかります。姓の終わりが「──シュヴィリ（子どもの意味）」と「──ウリ」は東ジョージア出身者に多く、「──ゼ（息子の意味）」、「──ヤ」、「──アニ」は西ジョージア出身者に多いようです。

　人々の民族的気質はユニークです。イオセリアーニ監督は、ジョージア人を歴史的に「騎士＝戦士」「農夫」「商人」の三つに分類し、ジョージア人は同じ考えをもった集団になれない。全体に統一がとれていても、各人は個性的で自由だといっていました。私の知る限りでも、個性的で自由な感性をもち、規格外のスケールを感じさせる人が多いように思います。

　ジョージア人は日本人に比べて、直接的、情熱的で、感情の幅も大きく、身体を使って喜怒哀楽を表情豊かに表現します。顔立ちも味わいがあり、一方でユーモアやアイロニーをこよなく愛しています。まさにすべての人が役者のようで、映画や演劇にはうってつけ

＊14

です。例えば往年の大女優ヴェリコ・アンジャパリゼは、際立った個性、誇り高さ、不屈の精神、母性愛を兼ね備えていたと評されています。しかし彼女にいわせれば、これらはジョージアの母親には誰にも具わっている普通のことだといいます。そしてジョージア正教のスヴェティツホヴェリ聖堂に例えて、他国にはない雄大さ、そして優雅さ、簡素さ、軽やかさがこの国と人にはある、といっていました。

　11、12世紀のダヴィト王を初めとして、ジョージアの君主は代々詩人でもありました。人々も生まれながらに詩人の気質をもちあわせています。『ドクトル・ジヴァゴ』の作家ボリース・パステルナークもジョージアを訪れて「(この地は) 一人一人を詩人にしてしまう」といっています。私も地方で老人や農夫が朗々と長大な詩を暗誦する姿に驚いたことがあります。彼らは幼い頃から日常的に自国の文化、芸術に包まれて育てられてきました。ジョージアでは歴史的に芸術が社会全体に息づいているのです。人々の身近に、映画、文学、美術、音楽があり、芸術表現を愛し、重んじる伝統があり、そのなかで育まれた人々の感性、審美感には揺るぎないものがあります。

　トビリシのムタツミンダ (聖なる山) には、中腹にパンテノンと呼ぶ偉人墓地がありますが、かつて私を案内した若者たちは、自分の尊敬する作家や詩人の墓石の上に横たわり、幸せそうにその作品

の一節を朗唱して聞かせてくれました。彼らも画家や音楽家でしたが、ジョージアはアーティストがとても多い国なのです。

トビリシの旧市街[*14]の入り組んだ石畳の路地を歩くと、エキゾティックなバルコニーがある木造の家屋が肩を寄せ合うように、密集して建ち、大変魅力的です。ジョージアの人間関係も同じように濃密で熱いものがあります。再三挙げる『豹皮の騎士』に描かれた友愛の精神は、現在でも人々が最も大切にしていることです。街では男同士がかたく抱き合い、挨拶を交わしている様子が見られますが、この国ならではの光景です。文字通り「友だちの友だちは友だち」という関係が果てしなく連なっていて、この地にしばらく滞在すると「私は一人ではない」と思うようになります。

ピロスマニの絵で描かれた男たちは胸をはって真っ直ぐな視線でこちらを見つめています。メデア・ゴツィリゼ・児島さんにいわせると、それがジョージアの流儀なのです。たがいに信頼する関係ならば、曇りない心で相手から眼をそらさずに話をすることが大切なのです。

ジョージアの「歌謡曲」には、甘いロマンティックなメロディーが多く、人々は、例えば夏の夜、愛する女性の窓辺でギターを奏でて、ささやくように歌うラブソングが大好きです。恋愛も表現が豊かで、南国的な熱情が感じられます。「深く恋する者」を意味する「ミジュヌリ」という言葉がありますが、『豹皮の騎士』には、この言葉を説明するように「愛——それは何よりもまず、表に出すべきものではなく、苦しみを秘め、つねに愛する人のことを思い、それゆえに絶えず孤独を求めるべきもの」（大谷深訳）と書かれていました。騎士道的恋愛ともいえる感情です。

ジョージア人と接して、なによりも印象に残ることは、彼らのホスピタリティ精神です。客人に対する思いはとりわけ熱く「お客さ

ジョージア映画の独自性　　37

まは神さまの使い」という有名な言葉があります。客人をもてなす姿勢はとても大切にされ、客人なしにジョージア人の幸せはないとまでいいきります。ソ連時代に建造されたので好き嫌いがあるようですが、トビリシの街を見おろすようにそびえる「ジョージア母の像」は、右手には敵を討つための剣、左手には友や客を迎える盃をもっています。多くのジョージア人はもてるすべてを客人のために尽くそうとします。私たちには絶対に真似ができないし、そのお返しはとてもできることではありません。客人が喜んでくれるなら、大切にしている家宝も平気で手放すような考えが生きています。

トビリシのレストランで、映画『懺悔』の主役アフタンディル・マハラゼさんにお話をうかがった時でした。私が店の代金を支払うと、彼は怒ってしまい「関係修復」に30分近くかかりました。

ジョージアには日本人に好意をもっている人が多く、私はいつも申し訳ない気持ちになってしまいます。私はめったにタクシーを使いませんが、「日本は日露戦争（1904～05）で帝政ロシアを破ってくれた。そのことがジョージア人に勇気を与え、独立への気運が生まれた。これは感謝の気持ちだ」といって、運転手が料金を受け取ろうとしないことが再三ありました。

このような人間関係をとおして、人間や社会に対する観察眼が養われ、一人一人が密接な関係性から個性豊かな芸術表現に向かうことはごく自然な行為に思えてきます。

ジョージアの人々の祖国、故郷への思いの深さには感銘を受けます。かつてジョージア人の友人が「私たちにとって1番つらいのは故郷を離れること」といっていたことや、昨年、18歳の女優リカ・バブルアニさんが「私はジョージアを愛しています」ときっぱり語った姿を思い出します。私から見ると、彼らの故郷への思いは信仰に近く、外敵との戦いに明け暮れた人々の風土との関係の密度の濃

さには圧倒されます。

　10年ほど前に出会ったディミトリ・バラハゼさんは、自分の姓の由来を、昔トルコの激しい攻撃を受けて、身ごもっていた先祖の女性は草に身を隠しましたが殺されてしまいました。しかし奇跡的に元気な男の子が生まれ、バラハゼ（草）と名乗る勇敢な戦士になったと誇らしげに語っていました。このように自分の祖先と祖国を守る戦いにまつわる逸話は多く、度々耳にします。

　ジョージアに滞在していると、しばしばジョージア人と日本人は似ているといわれます。最初、私はその意味がわからなかったのですが、彼らが思い描く「サムライ」的な精神ではないかと思うようになりました。生きるうえで、伝統、矜持、信義を重んじるということです。その思いは映画『祈り』の原作となった、ジョージアの人たちが愛する作家ヴァジャ・プシャヴェラの詩にも表われています。たとえ敵同士でも、人間として立派ならば互いに尊重しあうという友愛の精神です。そして自身が正しいと決めたことならば、たとえ大きな困難があろうとも、生命を賭けて全うする心構えです。これらは近代の合理的な概念とは異なります。

　男たちには、はるか昔から戦士の血が脈々と流れていて、祖国や家族を脅かす敵に対して、勇敢に戦う気風が今日まで受け継がれています。彼らは勝ち目のない戦いにも進んで身を投じ、たとえ倒れてもそれを美徳と考えます。そして後ろに倒れることを恥とするのです。私は現代のジョージアの男たちが時折見せる表情に、この国の今日は、3000年の大昔からの、戦さで倒れた無数の戦士の屍の上に成り立っていると考えることがあります。私はこの国の映画に描かれる男たちの真っ直ぐな、ときには不器用にも見える生き方を見て、何をいわれようとも信念に忠実に、真剣に生きることこそ至高なことだと思うようになりました。

イオセリアーニ監督が日本のサムライの精神には共感できるが、切腹の理由が理解できないといったことがあります。個を尊び、勝っても負けても戦い続けることに意味があるのです。ここに日本との大きな違いがうかがえます。ジョージアでは、挨拶はガマルジョバ（勝利を）といい、乾杯もガウマルジョス（勝利に）といいます。

　余談になりますが、かつてこの地に生まれた詩人マヤコフスキーは、トビリシの夜景を「谷間に銀河がやすんでいる」と謳いました。宮崎駿監督『風の谷のナウシカ』の胸に弾帯がついた衣装は、ジョージアのチョハやナバディと呼ばれる男性の民族衣装、剣はハンジャリに似ています。「風の谷」という名前からも「トビリシの谷」を類推してしまいます。

　ジョージアの映画人は、特別な夢にとらわれていて、夢を捨てることができず、夢に抗うことができない運命にあり、夢のために討ち死にすることをよしとしているように思えることがあります。

　映画人だけではなく、人々は夢や憧れ、非現実的な思いを、自然に受け入れているようです。この国の人々に愛読されているセルバンテスの『ドン・キホーテ』のように、失敗を恐れず、果敢に夢や冒険に挑もうとしています。今日、あまりに現実的な考えにとらわれている日本人から見ると、夢想的、空想的とでもいうのでしょうか、私は、ジョージア人の見果てぬ夢を「ジョージアの夢」と名づけていますが、幻視者のような彼らの気質に魅力を感じています。あえていうならば、北方のドイツロマン主義ではなく、南方のジョージアロマン主義です。ピロスマニが語った「大きな木の家」の夢や、彼が絵に描いた「ジョージアの夢」もその一例でしょう。

　そしてそのロマンティックな思いがいったん行動に現れると、ドラマティック、ダイナミックであり、ファンタジックにも見えます。

　ケレセリゼさんが、ジョージア映画は、つねに理想の実現を追い

求めていますといっていたことを思い起こします。

ジョージアの文化

　ジョージア映画に重要な影響を与えている民族文化のなかから、多声音楽・ポリフォニーと宴会＝スプラをご紹介します。いずれの文化も多様性、多面性、多元性を重んじて、それらの異なる要素を最終的にひとつのハーモニーにまとめてゆく志向性があります。

　伝統音楽のポリフォニー（多声による合唱）は、ジョージアの映画に最大の影響を与えているといっても過言ではありません。それは音楽だけではなく、この妙なるアンサンブルを構成する概念です。
　ジョージアのポリフォニーは、2001年にユネスコの無形文化遺産に選ばれました。祝い事などで人々が集まったときに、ころあいを見て一人が一つの音を発声します。その音を待っていましたとばかりに、他の人たちが次々に別の声を合わせてゆきます。それは美しく大変重厚であり、民謡として数多くの曲があります。種類も、聖歌、労働歌、宴の歌、抒情歌など多様で、地方によって趣も異なります。
　ジョージアのポリフォニーの最も古い記録が10世紀の写本に残されているそうですが、実際には、それよりずっと以前から演奏されていたと考えられています。4世紀に東ジョージアがキリスト教を国教として以来、聖書をジョージア語に翻訳し、普通の言語で典礼を行ったように、人々がキリスト教に親しみをもつように、聖歌を民謡に似せて作り、ポリフォニーが発達したという意見を聞いたことがあります。

ジョージア映画の独自性　　41

＊15（左）
＊16（右）

　この国の生んだ世界的作曲家ギヤ・カンチェリはジョージアのポリフォニーのある曲を「ある日、バッハとベートーヴェンとモーツァルトが出会い、3声で歌おうとして生まれた作品ではないか」と語っていました。

　私はジョージアを代表する民族アンサンブルグループ「ルスタヴィ[*15]」の演奏が大好きです。ジョージアでは数多くのグループが活動していますが、なかでも「ルスタヴィ」の音楽的完成度は群を抜いています。1968年の創立以来、「ルスタヴィ」はこれまでに600曲以上の民謡を録音し、『ハレバとゴギア』など数多くの映画に使用されています。「ルスタヴィ」を率いるアンゾル・エルコマイシュヴィリさん[*16]は、この国のポリフォニー音楽を未来へ継承するために長年尽力してきました。ジョージア音楽に全身全霊を傾けて奉仕するアンゾルさんを、私はヘルマン・ヘッセの小説「ガラス玉遊戯」の修道士の姿を重ねて尊敬するのです。そういえばヘッセもアンゾルさんも優れた庭師です。私はアンゾルさんの音楽のようにさまざまな草花が茂った素晴らしい庭のことを忘れられません。

　ジョージアのポリフォニーの基本は、一般的に3声の合唱であり、それぞれが独自のパートをもち、人々は幼い頃から、自分のパートを歌うだけではなく、他人の声に上手に合わせることを教えられます。深い通奏低音の上に展開される歌、不協和音の効果、クリマンチュリといわれるグリア地方のアクロバット的な高い声での歌い方

など、それぞれが個性豊かに、一見自由に歌っているように思えますが、個々のパートは常に全体を意識しながら発声されていて、実に豊かで精妙なハーモニーが生まれてゆきます。『ハサンベグラ』というグリア地方の有名な民謡がありますが、かつてストラヴィンスキーはこの歌を「人類が作った最高の音楽」と評していました。

　1977年夏に、アメリカのＮＡＳＡがヴォイジャー１、２号を打ち上げました。宇宙探査が主な目的ですが、ほかに未知の知的生命体に地球の情報を伝えるために、地球の自然音や音楽、55の言語の挨拶が録音された90分のアナログレコードが収められています。レコードにはジョージアのポリフォニー、宴会の歌「チャクルロ」も入っているそうです。今は太陽系を離れて、人類の１番長い旅を続けていますが、宇宙の遥か彼方の星で、未知の生物があの荘厳な音楽を聴くかもしれないと想像するだけでわくわくします。

　ポリフォニーは、ジョージア映画の豊さの大きな源ともいえるでしょう。ポリフォニーにおける個々が自己を主張しながらも、複雑に絶妙なハーモニーを生んでゆく独特な方式は、ジョージア映画の人物がさまざまに交錯する演出方法にも影響を与えています。特に、戦後のジョージア映画にはポリフォニーの影響がつよく感じられます。叙情、熱情、清冽さ、歓喜、夢、笑い、悲しみ、恐怖、皮肉など、さまざまな異質な要素が、一つの映画のなかで衝突し、響き合い、ときには突拍子もない展開もしてハーモニーを織り成し、ミクロコスモスを構築します。この国の映画人がポリフォニーの音楽に誇りと敬意をもっていることは、イオセリアーニ監督など、何人もの監督がポリフォニーをテーマにして映画を作っていることからもうかがえます。

　律動感豊かな伝統舞踊にも同様のことがいえるでしょう。複数の場合も、個々の多様な踊りに目を見張りますが、踊る側は相手や全

ジョージア映画の独自性　43

*17　イオセリアーニ監督『落葉』より

体との同調性を重んじています。全体的に、女性は湖面の白鳥のように優美に、すべるように舞い、男性も女性に合わせるように踊っている姿がよく見受けられます。しかしプロの技は凄く、つまさきで立って静かに舞うかと思えば、反対に高く跳ねたり、激しい動きで勇壮に舞います。これらの技は子どもの頃からの熟練を経てできることです。

　また今はなかなか見られませんが、トビリシにはキントといわれる粋な街頭の物売りがいて、彼らの踊るシャラホ＝キンタウリという踊りは実に愉快で楽しく、結婚式などの余興で踊られます。

　ジョージアのスプラ*17と呼ばれる宴会も2017年にジョージア国内の無形文化遺産に選ばれました。日本でも『ピロスマニ』や『落葉』でお馴染みになった風景です。料理もワインもテーブルのうえに溢れるばかりに置かれ、人々は陽気に乾杯を繰り返します。

　スプラはジョージア人にとってなくてはならない伝統です。生活のなかで重要な位置を占め、祭事のように独特のしきたりがあります。タマダと呼ばれる宴会の長は、弁舌さわやかで詩心があり、人々に尊敬される人でなければ務まりません。詩を朗唱するようなタマダの美しい乾杯の辞に、出席者は心から唱和し、杯を飲み干します。平和、祖国、先祖と家族など、タマダの乾杯に導かれるように、人々はこの世の一つ一つを讃美し、宴席はあたたかい思いに満ちてゆくのです。宴が高まるとポリフォニーの合唱や踊りも始まり

ます。スプラにはグルジアの文化的伝統が集約されているのです。

あたたかい大地に、私は、葡萄の種を埋めましょう／葡萄のつたに口づけし、熟した房をもぎとりましょう／それから友だちをよびます／胸に愛の心を調律しましょう／そうでないなら、なんのために／この永遠なる大地に、私は生きているのです？（ブラート・オクジャワ『ジョージアのうた』児島宏子訳）

ジョージアの映画には、他国の映画より食事のシーンが目立って多いと思います。なぜなのでしょう。あたかもここらへんで何か食べなければ空腹で物語を先に進められないとでもいうように存在感があります。これは宴会＝スプラの伝統を考えればもっともなことですが、なにげないジョージアのパン（プリ）を食いちぎって頬張るようなカットが、シーンのなかで生きているのです。ワインを飲むカットもしかり。映画に生活感やリズムを刻む意味で重要な役割を担っています。食卓を囲み、笑ったり、言い争ったり、ワインをこぼしたりするシーンが、ドラマの展開のために重要な役割を担っているのです。

食べる、飲む、食卓に向うということは、あまりに当たり前であり、人が生きるために最も基本的な行為ですが、意外に映像表現においては忘れられがちです。ジョージア映画において食べたり飲んだりするシーンがとても気になるのは、この国の映画がより人間的に、あるいは人間臭く感じられる理由の重要な要素だと思います。

ザザ・ハルヴァシ監督の『泉の少女ナメ』（2017）には、以上の文化的特徴が如実に表れているシーンがあります。土着の信仰を引き継ぐ一家には三人の息子がいます。彼らはジョージア正教、イスラム教の聖職者と神話学者で、あまりに目指す世界が異なるために、対立すると思いきや、三人は集まれば宴会をひらき、仲良く酒を酌み交わし、しまいには声を合わせて見事なポリフォニーを歌い奏で

ジョージア映画の独自性　45

るのです。この姿はジョージア人の典型と考えていいでしょう。

第2章　ジョージア映画の草創期

　ジョージアにおける映画の歴史は、世界の映画史とほとんど同時に始まりました。この国で映画が初上映されてから120余年にわたる歴史を今日まで辿っていると、激動する20世紀の歴史のなかで翻弄されながらも、灯火を手渡すように綿々と続く、映画人の表現への熱い情熱を痛いほどに感じるのです。

　ロシア革命を経て、長く続くソヴィエト時代には、体制による抑圧や世界大戦があり、ようやく念願の独立を果たしても、内戦や紛争で壊滅的状況に陥り、映画製作には極めて困難な状況が続きました。しかし今、廃墟のなかから、ふたたび不死鳥のように蘇ろうとしています。

　現在のジョージアフィルム代表、『ラザレの冒険』(1973) で知られるブバこと、ラマズ・ホティヴァリ監督[*18] (1946〜) によれば、20世紀のジョージアでは劇映画はすべて合わせると約1000作品、ドキュメンタリーは約3500作品、アニメーションは200作品以上作られたとのことです。このように各分野で多様に作られたジョージア映画は、何度も繰り返しになりますが、この国の長い歴史と民族文化に根差していて、それぞれの作品がみな独創的であり、この世界に魅せられた者にとっては、あたかも豊穣な海のようです。

47

*18

ジョージア映画のベスト

2017年の時点で、いくつかのインターネットのサイトであげられているジョージア映画の歴史上のベストをご紹介します。

インターネット・ムービー・データベースでは20本挙げています。ヴァフタング・タブリアシュヴィリ＋シャルヴァ・ゲデヴァニシュヴィリ監督『ケトとコテ』(1948)、テンギズ・アブラゼ＋レヴァズ（レゾ）・チヘイゼ監督『青い目のロバ（原題『マグダナのロバ』)』(1955)、テンギズ・アブラゼ監督『他人の子供たち』(1958)『希望の樹』(1977)『懺悔』(1984)、レヴァズ・チヘイゼ監督『戦火を越えて（原題『兵士の父』)』(1964)、エルダル・シャンゲラヤ監督『奇妙な展覧会』(1968)『奇人たち』(1974)『青い山――本当らしくない本当の話』(1983)、ギオルギ・シェンゲラヤ監督『ピロスマニ』(1969)『ヴェラ地区のメロディー』(1974)、メラブ・ココチャシュヴィリ監督『大いなる緑の谷』(1967)、オタール・イオセリアーニ監督『落葉』(1966)、ググリ・ムゲラゼ監督『ルーツ』(1987)、テムル・バブルアニ監督『眠らない太陽』(1992)、レヴァン・コグアシュヴィリ監督『路上の日々』(2010)、ルスダン・チコニア監督『微笑んで』(2012)、ナナ・エクフティミシュヴィリ＋ジモン・グロス監督『花咲くころ（原題『長く明るい日々』)』(2013)、ザザ・ウルシャゼ監督『三軒の家』(2008)『みかんの丘（原題『みかん』)』

（2013）でした。

　そして地元のジョージアン・ジャーナルのベスト10です。エルダル・シャンゲラヤ監督『奇人たち』（1974）をベストワンとしたうえで、コンスタンティネ・ミカベリゼ監督『私のお祖母さん』（1929）、レヴァズ・チヘイゼ監督『戦火を越えて』（1964）、オタール・イオセリアーニ監督『落葉』（1966）、テンギズ・アブラゼ監督『祈り』（1967）、レヴァン・ホティヴァリ監督『幸せなロマンス』（1972）、ナナ・ムチェドリゼ監督『イメレティのスケッチ』（1979）『不真面目な男』（1980、テレビドラマ）、エルダル・シェンゲラヤ監督『青い山──本当らしくない本当の話』（1983）、ザザ・ウルシャゼ監督『三軒の家』（2008）をあげています。

　ジョージア・ナショナル・フィルモグラフィーのベスト10です。20世紀では、ニコロズ・シェンゲラヤ監督『エリソ』（1928）、コンスタンティネ・ミカベリゼ監督『私のお祖母さん』（1929）、ミヘイル・チアウレリ監督『ギオルギ・サアカゼ』（1942）、テンギズ・アブラゼ＋レヴァズ・チヘイゼ監督『青い目のロバ』（1955）、レヴァズ・チヘイゼ監督『戦火を越えて』（1964）、ミヘイル・コバヒゼ監督『結婚』（1964）、オタール・イオセリアーニ監督『落葉』（1966）、メラブ・ココチャシュヴィリ監督『大いなる緑の谷』（1967）、ギオルギ・シェンゲラヤ監督『ピロスマニ』（1969）、エルダル・シェンゲラヤ監督『青い山──本当らしくない本当の話』（1983）でした。

ジョージア映画の誕生

　ジョージアにおける映画の初上映は、チフリス（現トビリシ）で1896年11月16日のことでした（ちなみに日本は神戸で同年11月25日にキ

ジョージア映画の草創期　　49

*19

*20

ネマスコープで上映されました)。パリでリュミエール兄弟によって世界初の映画上映が行われた1895年12月28日の約1年後になります。映画はジョージアの人々に熱狂的に迎えられ「映画以上に凄いものはない。映画は精神と道徳感を発達させてくれる。読まなくても、遠くへ行かなくても、様々な世界の様子や人々の性向を知ることができる」(イオセブ・イメダシュヴィリ)と評価され、民族運動が高まるさなか、知識層に自分たちの民族感情を表現する最良の手段ととらえられました。

　1908年からは、ヴァシル・アマシュケリ[19](1886〜1977)やアレクサンドレ・ディグメロヴィ(1884〜1957)による実験的な撮影が行われ、ジョージア人はこの年をこの国の映画製作が始まった年にしています。アマシュケリはアゼルバイジャンのバクーの映写技師でした。ディグメロヴィは以降、ジョージア映画のカメラマンとして『ギオルギ・サアカゼ』『ケトとコテ』『青い目のロバ』等、数々の名作に携わります。

　現存する最初のジョージア映画は、1912年に製作されたアマシュケリ監督の『アカキ・ツェレテリのラチャ・レチフミへの旅』[20]とされ、日本でも知られている「スリコ」の歌の作詞者であり、大詩人で民族解放のリーダーだったツェレテリがコーカサス山麓を訪ねて、村人たちと交流する姿を撮影したドキュメンタリーです。この作品ではジョージア人の民族文化への思いが雄弁に語られ、後年、フラ

*21

*22

ンスの映画評論家ジョルジュ・サドゥールは「この頃の映画で一人の詩人をとおして、このように大きな広がりのある作品を見たことがない」と評しました。

　そして1918年に、アレクサンドレ・ツツナヴァ監督[*21]（1881〜1955）によるジョージア初の長篇劇映画『クリスティネ』[*22]（エグナテ・ニノシュヴィリ原作）が製作されました。村娘クリスティネの悲劇的な運命を描いたメロドラマです。悪い男たちに翻弄されるヒロインの不遇な姿は、さながらモーパッサンの『女の一生』を彷彿とさせます。『クリスティネ』は大成功を収め、ツツナヴァ監督はジョージアの人たちが、いかに映画に自国の生活や人生を観ることを熱望していたかを痛感したと記しています。この作品のプロデューサーであるゲルマネ・ゴギティゼは、その後も30年間、ジョージア映画の発展に尽くしました。彼の夢はヨーロッパの4都市にジョージア映画の専門映画館を作ることであり、ドイツのフリッツ・ラング監督で『豹皮の騎士』を製作することでした。

　ジョージア映画の草創期は、ロシアとドイツの影響があり、製作機材はまだ貧弱なものだったといわれますが、創作への情熱とその民族性によって独自の存在感を主張してゆきます。

　トビリシの中心街にある1909年に建てられた映画館、アポロ劇場[*23]を、ジョージア映画発展基金のガガ・チヘイゼさんが案内してくれました。現在は使用されていませんが、アールヌーボー調の白亜の

ジョージア映画の草創期　　51

*23

大きな劇場で、内装も絢爛豪華です。百年以上も経っているわけですが、今でも当時の華やかな賑わいが目に浮かぶようです。ヨーロッパと比較してもジョージアで映画興行が早い時期に受け入れられたことがうかがえます。チヘイゼさんはアポロ劇場をジョージア映画の黄金期の象徴ととらえ、復活を目指して、さまざまな運動を展開していました。

ロシア革命とジョージア映画

　1921年2月、同じジョージア人であるスターリンとオルジョニキゼが率いる赤軍＝ボルシェヴィキの侵攻によって、1918年に独立したばかりのジョージア民主共和国は僅か3年で倒され、ソヴィエト政権が樹立します。ロシア革命の主導者レーニンは、映画を「すべての芸術のなかで最も重要」といって特別な配慮を与えました。イデオロギー宣伝のために最高の近代的メディアとして評価したのです。そのために経済的に厳しい状況にもかかわらず、映画は急速な発展をとげてゆきます。

　ジョージアでは、同年、さっそく人民委員会映画部が創設されて、ソヴィエト社会主義共和国連邦が成立した翌1922年に、ゴスキノ（中央映画配給機構、国家映画委員会）が設立され、1923年にはジョー

ジアフィルムの前身となるゴスキンプロム（国立映画産業）・ジョージアに組織が改められ、撮影スタジオ[24]も完成します。この撮影所の創設には女優ナト・ヴァチナゼの貢献があったといわれています。作品はロシア革命をテーマにした、民衆の改革する力を鼓舞する内容が主流になりますが、ジョージアの風土を背景に独創的な世界が描かれ、当時の欧米の作品とは異なるものを感じさせます。

ソヴィエト体制下、ジョージアの最初の劇映画は、ロシア出身のイヴァネ・ペレスティアニ監督[25]（1870～1959）、作家であるシャルヴァ・ダディアニが脚本を担当した『アルセナ・ジョルジアシュヴィリ』（1921）といわれ、ジョージアの労働英雄を描いた作品です。同監督は、この作品のすぐ後に、中世ジョージアの伝説を映画化した大作『スラミ要塞』（1922）を製作、さらにアクション満載の代表作『赤い小悪魔』[26]（1923）が大成功を収めて、その名声を確立し、続く『三人の人生』[27]（1924）でも多くの観客を魅了しました。

『赤い小悪魔』とは、赤軍の若い兵士たちを指します。ロシア革命の激戦地を、ジョージアの雄大な大自然を利用し、三人のサーカスの若手俳優を使って描いた娯楽大作です。速いテンポの場面展開と大きなスケール、アメリカの西部劇のような活劇で、ソヴィエト全土で興行的に大成功を収め、「ソヴィエト映画の奇跡」、「ソヴィエト映画の先駆け」といわれました。モスクワのプラウダ紙は『赤い小悪魔』を「モスクワが映画について論争している間に、チフリ

ジョージア映画の草創期　53

*26　　　　　　　　　　　　*27

ス(トビリシ)は働いていて、まぎれもなく我が国の映画産業における最良の作品を完成した」と伝えています。国内だけではなく、ニューヨーク・タイムズも「ターザン映画のスタイルで作られたハックルベリィ・フィンやトム・ソーヤーの革命版」と褒めたたえ、国際的にも高く評価されました。

　ジョージアはソヴィエト政権下に置かれましたが、映画はますます盛んになり、1920年代末には、ゴスキンプロムにニュース映画部、アニメーション映画部が創設されます。

　ロシア革命とともに起こったロシア・アヴァンギャルド運動は、20世紀を代表する芸術運動の一つです。この革新的な運動は、ジョージアの芸術家たちにも大きな影響を与えるようになりました。

　「政治革命に先行し、政治革命の推移の過程で異議申し立てを行なう権利を保有しつつ芸術革命を展開したのが、ロシア・アヴァンギャルドの芸術運動にほかならなかった」(水野忠夫)

　トビリシには、この運動の旗手として活動していたジョージア生まれの詩人ウラジーミル・マヤコフスキーなど、旧来の芸術を刷新しようと、ソヴィエトにおける先鋭的な若き芸術家たちが、各地から集まって活発な議論が行われ、この街は文化的革命の中心の一つとして活気を呈してゆきます。

　このようにジョージア映画の初期においては、イヴァネ・ペレスティアニ監督、ウラジーミル・バルスキー監督、アルメニア出身の

*28

*29

アモ・ベク=ナザロフ監督など、他国の人たちが中心となってジョージアの映画人を牽引してゆきました。しかしそのためにジョージアの民族文化が映画に反映されていないと問題になり、ゴスキンプロム・ジョージアは、1924年、二人の演劇人コテ・マルジャニシュヴィリ[*28]（1872〜1933）とアレクサンドレ・ツツナヴァを映画製作に招きます。この二人の参入によって著名な職業俳優ナト・ヴァチナゼ、ディミトリ・キピアニたちも参加するようになりました。

モスクワ芸術座で活躍していた舞台演出家のマルジャニシュヴィリは、リアルな演技の確立を目指して、映画の新しい表現形態を模索します。彼の監督第1作『嵐の前』（1924）は大変評判になり、続く第2作『サマニシュヴィリの継母』[*29]（1926）も大成功を収めました。トビリシの中央には、彼の名を冠したマルジャニシュヴィリ劇場があり、今でも多くの演出家と俳優を輩出しています。

すでに『クリスティネ』を撮っていたアレクサンドレ・ツツナヴァ監督も『誰の責任か』（1925）、『グリアの反乱』（1928）を発表します。そこへ詩人のニコロズ・シェンゲラヤ、彫刻家ミヘイル・チアウレリたちが加わることによって、民族文化に立脚した今日のジョージア映画の基礎が作られてゆきました。ジョージアの演劇人、作家、詩人、美術家たちは、映画という芸術に魅せられて、次々に製作の現場に加わり、競うようにして映画を製作していったのです。監督ではザカリア・ベリシュヴィリ、ギオルギ・マカロヴィ、レ

ジョージア映画の草創期　　55

*30

*31　女優ナト・ヴァチナゼと

オ・エサギア、シコ・ドリゼ、ダヴィト・ロンデリ、俳優ではヴェリコ・アンジャパリゼ、セルゴ・ザカリアゼたちがあげられ、彼らは一世を風靡してゆきます。

　ソヴィエト映画の巨匠監督というとセルゲイ・エイゼンシュテイン、フセヴォロド・プドフキン、アレクサンドル・ドヴジェンコなどをあげるのが一般的ですが、ジョージア映画の父と呼ばれるニコロズ・シェンゲラヤ監督(1903〜43)を忘れるわけにはいきません。

　未来派の詩人だった彼は、マルジャニシュヴィリに誘われて、まずは脚本家として映画製作に参加し、24歳にして『ギウリ』(1927)を初監督しました。この作品については、微笑ましいエピソードがあります。彼とマルジャニシュヴィリはアヴァンギャルドの精神で真に革新的な映画を作ることに日々邁進していました。ところがある日突然、シェンゲラヤはいいにくそうにマルジャニシュヴィリに『ギウリ』というメロドラマを監督したいと告白したそうです。驚いたマルジャニシュヴィリが何故かと問うと、シェンゲラヤは女優のナト・ヴァチナゼに恋していて、彼女に近づくためでした。結果、二人はめでたく『ギウリ』を通して愛し合い、詩人マヤコフスキーが彼らを結婚まで導いたそうです。この熱い時代、芸術に人生を賭けた純粋な若者たちの青春群像をいろいろと想像してしまいます。

　その後シェンゲラヤ監督は第2作としてコーカサスの山岳地帯を舞台にしたアレクサンドレ・カズベギ原作『エリソ』(1928)を監

56

＊32

督します。この作品はジョージア無声映画時代の傑作といわれ、主演のキラ・アンドロニカシュヴィリの力のこもった演技が胸を打ちます。コーカサスの険しい山地を舞台にして、政府に翻弄される人々の心情を劇的に表現した作品です。

　1864年ロシア帝国によるコーカサスに住むチェチェン人をトルコに強制移住させそこにコサックを住まわせようとする計画を、チェチェン人（イスラム教）のエリソと彼女に恋するヘヴィ人（キリスト教）のヴァジアが力を合わせて阻止しようとします。シェンゲラヤ監督はカズベギの原作を、映画のために再解釈して創造的に脚色し、『エリソ』のリズミカルさ、対比するモチーフ、緻密なモンタージュは、彼の作品のスタイルとなりました。物語では、政治的な圧力に対して一個人が闘う姿を描き、人間の精神力が集団的な力を凌駕することを示しました。またダンスなどの民族的要素をとり入れることによって、この作品は民族の頌歌、人間讃歌ともなっています。

　コーカサスの厳しい山岳地帯ヘヴィ地方に暮らすキリスト教のヘヴィ人は厳しい自然のなかで暮らし、ロシアやチェチェンなどの他民族からジョージアの国を守るという使命感をもっていました。そのために子どもの頃から武器の扱いに慣れ、誇り高く勇敢だったそうです。彼らは原作者カズベギの主要なテーマでもありました。

　コーカサスのキリスト教徒とイスラム教徒にまつわる映画は、ほかにも『エリソ』で描かれたヘヴィ地方の隣にあるヘヴスレティ地

方のヘヴスリ人を描いたテンギズ・アブラゼ監督の『祈り』でも見られるように、この地域では恒久的なテーマになります。

　厳しい境遇に置かれていた晩年の画家ピロスマニを支援していたことで、以前から私も名前を知っていた彫刻家ミヘイル・チアウレリ（1894〜1974）は、ジョージア映画の中心的存在になってゆきます。彼は日常生活をシニカルに描いた意欲作『サバ』(1929)を初め、次々に作品を発表し、映画に没入してゆきました。

　ショタ・ルスタヴェリ演劇映画国立大学教授で映画監督のダヴィト・ジャネリゼさんとお会いしたときに、彼は『エリソ』はソヴィエト政府内で問題にされていたテーマを、ジョージアの民族性を背景にして描いた作品であり、特筆すべきシーンが多くあり、重要な映画です。しかし、この時期のジョージア映画で落としてはならない作品は『私のお祖母さん』と『スヴァネティの塩』であり、この2作品は映像言語として優れていて、ジョージア映画史上特別な作品ですと語っていました。1928年頃から当局の映画に対する圧力が強まってゆきます。ジョージア映画も社会主義国家建設のプロパガンダをテーマに求められるようになりました。この2作品はその影響をつよく受けることになります。

　コンスタンティネ（コテ）・ミカベリゼ監督（1896〜1973）の『私のお祖母さん』(1929)は、ジョージアでこの題名ならば、人間味に充ちた作品だろうと思っていたら大間違いでした。お祖母さん

は1コマも出てきませんし、失職した主人公が再就職するための方便で「お祖母さん」が出てくるにすぎません。内容はグロテスクと思うほどに、官僚主義への辛辣な批判で、作風は極めて斬新、表現主義的、未来派的、超現実主義的であり、冒険に満ちたアヴァンギャルド映画でした。役所と役人の無能さを、風采の上がらない一役人の運命をとおして、痛烈にブラックなユーモアで風刺した作品です。特に人形のアニメーションを自由に使い、自殺を試みる主人公と興奮する恐妻と娘の異様なシーンは強烈です。息をつく間もなく新しい展開が用意されていて、凄いとしかいいようがありません。『私のお祖母さん』は、あまりにアナーキーなエネルギーに満ち、過激な内容だったため、ジョージア映画史上、初めて公開禁止、お蔵入りになり、1967年まで上映されることがありませんでした。

　ジャネリゼ監督は、この作品は、社会的テーマと感情表現が密接に同等に扱われ、風刺性が豊かであり、演劇的手法を映画的表現に絶妙に取り入れている。このように演劇的で、同時に映画的でもある作品は、黒澤明監督作品以外に見たことがない。俳優のバレエのような動きは特筆すべきだといっていました。

　ミヘイル・カラトジシュヴィリ監督（ロシア名はミハイル・カラトーゾフ、1903〜73）の『スヴァネティの塩』[*36]（1930）は、コーカサスのスヴァネティ地方、塔が林立する村で知られるウシュグリの人々が、社会主義政権のもとで道路を建設し、因習を打破するというプロパ

ジョージア映画の草創期　　59

*36

ガンダ映画です。しかし四季をとおして、山岳地帯では貴重な塩をめぐるエピソードなど、過酷な自然環境のなかで生きる村人たちの姿が、ドキュメンタリーにドラマ的演出を交え、荒々しい映像とモンタージュによって映し出されます。争い、織物、散髪、帽子作り、収穫、岩山での重労働、雪崩による死、貧富の格差、出産——新旧の世代の対立、自然と人間の対峙、宗教の問題も描いたといわれるこの作品は、スペインのルイス・ブニュエル監督『糧なき土地』（1932）に匹敵するといわれ、ジャネリゼ監督は『世界残酷物語』（1961）で知られるイタリアのヤコペッティ監督を引き合いに出して評価していました。

　この作品が生まれた背景には、このようなエピソードがあります。1929年、カラトジシュヴィリ監督たちは、コーカサスのスヴァネティ地方で『盲者』という劇映画を作りましたが、映画は形式主義だと厳しく批判されて、お蔵入りどころか破棄されてしまいます。しかし諦めきれなかったカラトジシュヴィリ監督は、編集で捨てたフィルムの断片を拾い集め、スヴァネティで個人的に撮っていたフィルムを加えて、何日もかけて再編集し、新作に仕立てあげました。それが『スヴァネティの塩』となり、今日、ジョージア映画の傑作と評価されているのです。

　ちなみにソヴィエト映画の巨匠セルゲイ・エイゼンシュテイン監督の『戦艦ポチョムキン』は1926年の作であり、日本の衣笠貞之助

監督の『狂った一頁』は同年、『十字路』は1928年の作です。

ジョージア問題・形式主義批判・大粛清

　1920年代、ソヴィエト政権樹立の直後から「ジョージア問題」といわれる、ソヴィエトのボリシェヴィキ内で、ジョージアの自立をめぐって激しい論争があり、この問題は後々まで影響を及ぼします。

　スターリンとオルジョニキゼは、共にジョージア人ですが、ジョージア内部からではなく、外部からボリシェヴィキ＝赤軍をジョージアに侵攻させて、1918年に独立していたジョージアのメンシェヴィキ政権を倒し、「強制的に」ソヴィエト政権を樹立しました。さらに中央集権化を推進する彼らは、レーニンからも大国主義的、官僚主義的抑圧と批判されるなかで、強引な手法を使って、地域の自立性を主張するジョージアのボリシェヴィキ指導者たちの考えを、民族主義的偏向と批判して切り捨ててゆきました。1923年3月に行われた第12回党大会でスターリンは、プロレタリア独裁の基礎は「中央」を重んじることであり、「辺境」の偏重は危険をはらみ、大ロシア排外主義との闘いはロシア人共産主義者だけができることで、ジョージア人共産主義者による闘いは反ロシア的排外主義であると発言しています。そして反対派は徹底的に弾圧されました。

　1920年代後半、『私のお祖母さん』が批判されたように、アヴァンギャルド芸術の活性化に対して、早くも反対の動きが出てきます。「万人の世界感覚を変革する仕事」（トレチヤコフ）であったこの運動は、常に既成の概念と、人々の意識の変革を目指したものなので、停滞してゆく革命意識とは、いつかは衝突する運命でした。

　1924年にレーニンが死去し、翌年、党内の闘争でトロツキーが敗

*37

*38

れ、スターリンの一国社会主義理論が採択されて彼が勝利してからは、政治権力を安定させてゆくなかで、アヴァンギャルド芸術を形式主義と批判し、抑圧してゆきます。1930年、アヴァンギャルド運動の先頭に立っていた詩人マヤコフスキーは、プロレタリア作家同盟から激しい批判を浴びるなかで自殺しました。

　1934年、第1回ソヴィエト作家同盟大会で、公式にモンタージュ理論等の形式主義への批判が行われ、社会主義教育が尊重され、社会主義リアリズムが唯一の創作方法として採択されます。以降、ジョージアもふくめソヴィエト全体で芸術家たちは表現の自由を奪われてゆきます。そして映画は、社会主義リアリズムによる教条主義的な内容が主流になってゆきます。

　映画にも大きな影響を与えた演劇人フセヴォロド・メイエルホリドは「この社会主義リアリズムという肩書きを切望する、とるに足らない内容の貧しい演劇は、芸術になんら共通するところはありません。形式主義を根絶しようという諸君の努力は、芸術を破壊しているのであります」（水野忠夫訳）と語った後に、1939年、粛清されて拷問の末に銃殺されました。

　このような政治的、社会的状況のなかで、1930年代には、ジョージアで21本のトーキー映画が作られました。ジョージア初のトーキー映画となったレオ・エサキア監督（1899～1969）の『シャキリ』（1932）、ミヘイル・チアウレリ監督が当時の新旧勢力の対立を描い

*39　　　　　　　　　　　　　　　　　　*40

た『ハバルダ』(1931)や、革命をテーマにした『最後の仮面舞踏会』(1934)、横暴を繰り返すロシア帝国軍に対して、貧しい民衆がアルセナの死を機に立ち上がる『アルセナ[*37]』(1937)。ほかにもシコ・ドリゼ監督[*38](1903~83)の『最後の十字軍兵士たち[*39]』(1933)、ダヴィト・ロンデリ監督(1904~76)の『失われた楽園』(1937)、ニコロズ・シェンゲラヤ監督の『オレンジの谷』(1937)、イヴァネ・ペレスティアニ監督の『二人の友人』(1937)、コテ・ミカベリゼ監督の『遅すぎた婚約者』(1939)など、今やベテランとなった監督たちは、政治社会の影響を受けながらもひき続き映画史における重要な作品を作ってゆきました。しかしスターリン体制の強化のなかで、ゴスキノの厳しい検閲によって、ジョージアの映画作家たちの自由は失われてゆきます。

『スワネティの塩』を高く評価されたカラトジシュヴィリ監督も、『軍靴のなかの釘』(1931)を当局に批判され、約20年もの間、製作の表舞台から離されていました。そして第2次世界大戦後、ようやく製作現場に戻れた彼が、スターリンの死後に発表した『鶴は翔んでゆく（戦争と貞操）』(1957)は、カンヌ国際映画祭でグランプリを見事受賞します。シェンゲラヤ監督がアゼルバイジャンで製作した『26人のコミッサール[*40]』(1932)も、公開時に人々の群像の描写やモンタージュ手法が激しい批判を浴びて、数十年間、幻の名作になっていました。このように多くの映画人が同じように、やむなく表現

*41

活動を制限せざるをえなくなっていったのです。

　ラナ・ゴゴベリゼ監督の母ニノ（ヌツァ）・ゴゴベリゼ監督（1902〜66）は、ジョージア最初の女性監督です。1920年代後半から30年代にかけて活躍しました。ドキュメンタリー映画『彼らの大国』をカラトジシュヴィリ監督とともに作った後に、『ブバ』*41（1930）をアヴァンギャルド画家ダヴィト・カカバゼと作りました。コーカサスの村の生活や伝統を描いた詩的ドキュメンタリーの傑作です。

　ソヴィエト国家建設という名目で描いてはいますが、主要なテーマはコーカサスの大自然のなか、厳しい労働をする人々の四季折々の暮らしであり、ジョージアの民族的精神が鮮やかに描かれています。揺りかごに横たわり、一人留守番をする幼子の母への想いや、村人たちが輪になって群舞する姿と、河の濁流の映像をドラマティックにカットバックするなど、斬新な演出を試みています。ヌツァは女性監督としてソヴィエト初の芸術映画『気難し屋』（1934）が公開された後、娘のラナが7歳の頃（1935）に当局に逮捕され、人民の敵として12年間を監獄で過ごすことになります。

　スターリン、および側近のラヴレンティ・ベリヤ（彼もジョージア出身）による1937年を頂点とする大粛清は、名だたる知識人、芸術家たちの自由な活動を完全に抹殺し、その多くが非業の死を遂げました。ヌツァの映画は上映を禁じられ、『ブバ』など彼女の作品は以降抹殺されて、最近までその存在すら確認できませんでした。

『エリソ』の主役キラ・アンドロニカシュヴィリは高名な女優なのに、なぜ消息が不明なのかと不審に思っていたら、彼女はモスクワの映画大学監督科を卒業した後、初監督作品を準備中に、人民の敵とされた作家ボリース・ピリニャークの妻であったために、逮捕されて強制収容所に送られてしまいました。そして4年後、姉の女優ナト・ヴァチナゼがスターリンに嘆願してようやく釈放されたとのことでした。

この粛清によって、多くの人々がいわれない理由で殺害され、あるいは強制労働に送られました。1938年代だけでも、赤軍の将校の65％、政治委員は2万人以上、軍人は約半数の15万人が殺害され、全体では700万人が亡くなったといわれています。ジョージアでも多くの人々が犠牲になりました。密告が奨励され、スターリンへの忠誠を少しでも疑われたら、捕らえられて拷問の果てに処刑されました。この苦難の時代に、どれほどの才能ある人たちが闇に葬られていったことでしょうか。しかし驚くべきことに、ジョージアでは誰一人映画監督は殺されなかったそうです。

後にテンギズ・アブラゼ監督は『懺悔』(1984) で、この苦難の時代をソヴィエト映画として初めて真正面から描きました。アブラゼ監督が映画スタジオに通う道に冠せられた名前は、1937年に粛清され、死後に名誉を回復された人たちでした。演出家サンドロ・アフメテリ、指揮者エヴゲニ・ミケラゼ、党活動家マミア・オラヘラシュヴィリ、彼らに思いをめぐらせながら映画は作られたのでしょう。アブラゼ監督は「三人ともジョージアの最高の花、誇りそのもの、ジョージア精神と天賦の才能の代弁者でした」という言葉を残しています。サンドロは『懺悔』の主人公の名前でもあることを覚えておきたいと思います。

1930、40年代は「偽りの批判映画」と後に呼ばれる映画がいくつ

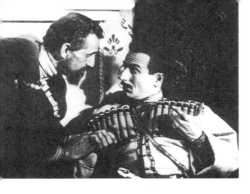
*43

*42

も作られてゆきました。真の社会批判ではなく、スターリン体制にとって不都合なものへの批判です。このスターリン時代にお蔵入りになった映画は、事実上見ることを禁じられていて、1970年代の終わり頃に、ようやく見られるようになりました。

フランスのポンピドーセンターが発行したジョージア映画のカタログに掲載された1930年、40年代のジョージア映画に関する記述は、「いいなりの映画」と題しているように大変手厳しいものがあります。「この時期に作られた大半の映画は、金持ちの農民と貧しい農民の闘い、技術的進歩の美化、宗教への盲信などをテーマにしたもので、類型化、図式化し、過去を誹謗、ブルジョワ文化を笑いものにして、人民の敵をあげては、徹底的に摘みとっている。主人公は、家庭より党の会合のほうが寛ぎ、恋人たちは労働の問題について熱心に意見交換する。ここにはロマンティシズム、空想や夢、個人の考えが入る余地はなく、幾世代にわたって積み重ねられ、大切に守られてきた豊かな財産から切り離され、ジョージア映画は息も絶え絶えの沈没状態だった」(小倉みさ子訳)

ダヴィト・ロンデリ監督[*42]の『失われた楽園』[*43]は、19世紀末に起こった貴族の悲劇を描いた作品で、甘美で、苦く残酷なユーモアというジョージア映画特有の伝統が生かされています。しかし映画をめぐるエピソードは、時代の厳しい空気を伝えてくれます。大粛清が行われた1937年の作品で、19世紀末、下級貴族にかわって裕福な農

民が田舎の権力者となり、誰もが富への異常な競争に巻き込まれて
ゆき、貴族は衰退してゆくという社会的構図で描かれています。

　後年、トビリシ演劇大学映画学科の学生たちが、ロンデリ監督を
ゲストに招きました。彼らはこの作品の独創的な表現について、尊
敬する芸術家から直接に話が聞けると期待していましたが、そこで
語られたことは、大きな恐怖によって精神を破壊された人間の生の
証言でした。

　『失われた楽園』の撮影中に、スターリンの側近ベリヤから、突
然撮影の停止命令が届いて、ロンデリ監督をはじめ製作関係者は、
その後の２カ月間を、撮影現場で次の連絡を待ちながら、逮捕され
るのではないかと怯えながら過ごしたそうです。物語の裕福な農民
像に、スターリンの姿を重ねることも可能であり、あるいは1930年
代初め、スターリンが行った農業の社会主義化を強行して、激しい
抵抗があった「富農（クラーク）狩り」を想起させるかもしれませ
ん。そしてある日、幸いに再開の許可が下りましたが、その時には
彼らの気力、想像力は完全に打ち砕かれていました。

　当時、ロンデリ監督の周囲の友人、知人はみな粛清され、彼は階
段の足音にも全身が凍りつく日々を送り、ある日、ベリヤに呼び出
されたときには死を覚悟して、家族に別れを告げ、荷造りをして出
かけたそうです。結局は待たされたあげく忠告だけで済み、命は助
かりましたが、その後の創造意欲は断ち切られてしまいました。

第２次世界大戦とジョージア映画

　1941年6月22日に始まった独ソ戦（大祖国戦争）によって、ソヴィ
エト連邦も第２次世界大戦に突入してゆきます。この戦争は、スタ

*44

　ーリンの全体主義や社会主義リアリズムの影響も相まって、ジョージア映画にさらなる影響を及ぼしました。ソヴィエト当局は、戦争という国家存亡の危機に対し、映画に明瞭なメッセージで大衆の心を捉え、彼らの愛国心やヒロイズムを呼び起こす使命を課します。それに応えて、ジョージアの映画人は、敵に抵抗して勇敢に戦う兵士や市民を描き、侵略に対して団結を呼びかけ、戦いを鼓舞する映画を積極的に作り始めるようになりました。

　1979年にトビリシで出版されたギオルギ・ドリゼによる映画史は、ソヴィエト体制側からの視点で書かれています。その一部です。

　「世界大戦中、ジョージアの映画人は、イデオロギー戦線の前衛にいて、英雄的なソヴィエト人民の情熱の源となり、祖国防衛のために人々を動員させました。1944年4月、その非常に愛国的、かつ戦意高揚的な映画を製作したトビリシ映画スタジオに対して、最高の国家賞レーニン章が授与され、映画『ギオルギ・サアカゼ』と『シュルガイの楯』にはソヴィエト国家賞が授与されました。映画人はスタジオから前線に派遣され、大祖国戦争の多くの栄光に充ちた時代を映像に記したのです」（北川誠一訳）

　1941年には、ジョージア映画の中心にいた監督たちが「戦争映画集」というオムニバス形式で短篇を4作品発表します。その映画とは、ニコロズ・シェンゲラヤ監督によるファシストに対するユーゴスラヴィアの人たちの決死の戦いを描いた『黒い山々で』。ディオ

*45

*46

ミデ・アンタゼ監督（1904〜55）による開戦当時の状況を描いた『監視小屋』。イヴァネ・ペレスティアニの脚本で、コテ・ミカベリゼ監督によるソヴィエト西部、国境地帯に生きる人々のファシストとの勇敢な戦いを描いた『前哨』。コテ・グルゼリシュヴィリ監督（1910〜74）によるソヴィエトに対するドイツの諜報活動を描いた『おはよう』でした。コンスタンティネ・ピピナシュヴィリ監督（1912〜69）の『橋』（1942）は、ドイツ軍によって破壊された橋を、ジョージア人指揮官の元で再建するという話です。ニコロズ・シェンゲラヤ監督が撮影中に亡くなり、ディオミデ・アンタゼ監督が完成させた『彼はまた戻る』（1943）は、戦場で負傷した兵士が治療の後、カヘティ地方の村人に熱狂的に見送られて、ふたたび前線に旅立つという話です。

　長篇、短篇、アニメにかかわらず、ジョージアの映画人の多くが、積極的に、このような戦争映画の製作にかかわることになりました。なかでもミヘイル・チアウレリ監督*45の作品に、政治と戦争の影響は象徴的に現れています。チアウレリ監督は、1942年に、17世紀ジョージアの侵略者と戦った民族的英雄をとおして、国民の愛国心を高め、戦争への参加を鼓舞させるために長篇『ギオルギ・サアカゼ』*46（1943）を手がけます。2部170分の大作です。ジョージア人なら誰でも知っている英雄ギオルギ・サアカゼにスターリンを重ねたといわれています。

ジョージア映画の草創期　　69

10月13日のプラウダ紙は「コーカサスの山と谷に、栄えある過去の面影がよみがえる。勇気ある父祖たちが子孫を見つめている。彼らにはギオルギ・サアカゼの勇敢な仲間たちの血が流れている」と評しました。この同じ視点で、シコ・ドリゼ監督とダヴィト・ロンデリ監督は、敵が近づくと鳴り響くという楯の伝説を利用して『ジュルガイの楯』(1944) を作っています。前述のように『ギオルギ・サアカゼ』と『ジュルガイの楯』はソヴィエト国家賞を受賞しました。戦後すぐに、チアウレリ監督は、モスフィルムで独ソ戦を描いた『誓い』(1946、ヴェネチア国際映画祭金獅子賞) を製作します。レーニンの死から大戦終了までを、スターリンとある家族の物語をとおして描き、スターリンとレーニンの絆を強調し、ソヴィエト体制を讃美しました。さらに『ベルリン陥落』(1950、カルロヴィヴァリ国際映画祭グランプリ) では、大戦の末期、ソヴィエト軍のドイツへの猛攻撃、ヒットラーの死を描き、勝利をもたらしたスターリンを讃美しました。

　いずれの作品も国際的に高く評価され、チアウレリ監督はソヴィエトの記念碑的映画の大家として名声を確立しますが、スターリン体制が主導した映画であることは明らかです。後年、このことは個人崇拝の行きすぎた悪例と評価されるようになりました。チアウレリ監督が胸にたくさんの勲章をつけている写真を見ると複雑な気持ちになります。彼とその家族はスターリン時代、そしてスターリン批判以降の時代を、どのような気持ちで生き抜いたのでしょうか。

　ジョージアのある監督から聞いた話ですが、チアウレリ監督の『あなたは以前に見たものをもう見られない』(1965) は庶民の姿を軽快に描いた作品です。この映画が大変評判になったこともあり、彼の過去のことは過去として、今は大監督として評価されているそうです。チアウレリ監督は確かにスターリンを賞讃する映画をいく

つも作りましたが、いずれの作品も映画として大変優れ、『ベルリン陥落』にも大規模な戦いのシーンなど映画史に残る名シーンが多くあり、映画の授業では模範例として使用されているようです。

　また、チアウレリ監督はギターの弾き語りがとても上手でした。スターリンは彼の歌が好きで、故郷ジョージアの歌が聴きたくなると度々モスクワへ呼び寄せたそうです。チアウレリ監督はスターリンの覚えめでたく、ジョージアの映画監督が一人も粛清されなかったのは、スターリンが映画を大切にしていたこともありますが、チアウレリ監督が同僚たちをかばっていたからという説もあります。

第3章　ジョージア映画の発展

世界大戦後のジョージア映画

　ジョージアの映画製作は、1920年代は40作品以上ありましたが、1930年代は約30作品となり、ジョージアの撮影所は、ほかの共和国より優遇されていたようですが、それでも戦争が終わった1945年からスターリンが死去する1953年までは12作品と減少し、製作が極めて困難になっていたことがうかがえます。

　第2次世界大戦直後は、ソヴィエト映画全体にとって、最も暗い時期でした。経済的にも映画を製作することがほとんど不可能になり、映画人たちは、この厳しい状況に対して自主的に製作本数を抑えて、傑作のみを作ることを自ら決議したそうです。ある人は、さまざまな制約のなかで、作られても登場人物は類型的で、規範通りの内容だったといいますが、ジョージア映画においては、その印象が私には異なって見えます。

　ジョージアの戦後映画は、18世紀の詩人ダヴィト・グラミシュヴィリを描いたニコロズ・サニシュヴィリ監督（1902〜95）とイオセブ・トゥマニシュヴィリ監督（1909〜81）による『ダヴィト・グラミシュヴィリ』(1946)、そして「スリコ」の歌で知られる19世紀の詩人アカキ・ツェレテリを描いたコンスタンティネ・ピピナシュヴ

＊47（左）
＊48（右）

ィリ監督^{＊47}の『アカキの揺りかご』(1947) などから始まりました。いずれもジョージアを代表する偉大な詩人がテーマであり、大衆的、娯楽的な作りです。戦後の厳しい社会状況のなか、明るく楽しく華やかな、人々を元気にさせる映画を作れというスターリンの号令があったようですが、そんな「国策映画」だったとしても、1948年に作られたヴァフタング・タブリアシュヴィリ監督^{＊48}(1914～2002) とシャルヴァ・ゲデヴァニシュヴィリ監督 (1897～1990) による『ケトとコテ^{＊49}』(1948) は、文句なく素晴らしく、ミュージカル仕立ての豪華絢爛たる娯楽大作です。

　1860年代のロシア帝政下のチフリス（トビリシ）を舞台に、歌が大好きなコテと純真な娘ケトが、上流社会を夢みるケトの父親が反対するなかで結婚を成就させるというシンプルな物語です。大勢のさまざまな階級の美男美女が明るく楽しく物語を展開してゆきます。愛を謳い、歌と踊りでドラマは流れるように進み、かつての庶民の物売りキントや、商売人カラチョヘリなど、当時の風物も再現されていて「終わりよければ、すべてよし」。上質なアメリカのエンタテインメントを彷彿とさせながらも、ジョージアの魅力的な風物が満載であり、今でも人々に愛されている作品です。

　ニコロズ・サニシュヴィリ監督の『幸せな出会い^{＊50}』(1949) も、西グルジアの大きなコルホーズ、農場を舞台にした牧歌的な娯楽大作です。『ケトとコテ』と同じく、美男美女が織り成す夢のような世界を描いたこれらの作品は、スターリンの狙いどおりに、厳しい戦争を脱した人々の心に少なからず希望の種を植えたに違いありませ

＊49

ん。ジョージアで、夢のように楽しい映画がたくさん生まれてゆく様子は、1950年代半ばの日本映画の黄金時代に通じる活気があります。ほかにもショタ・マナガゼ監督（1903～77）のコメディー『気難しい隣人』（1945）、人気スターとなるレイラ・アバシゼが主演したシコ・ドリゼ監督の『トンボ』（1954）など、ジョージア製のさまざまな娯楽映画は大衆の熱い支持を得てゆきます。

　戦後のジョージア映画について、ポンピドーセンターのカタログに書かれた「手厳しい」批評を要約してご紹介します。

　「映画で描かれる人生は、平穏無事で充足していて、みながより良き世界のなかで最善を尽くしている。矛盾だらけの多面的な人生は、単純化、理想化、無菌化され、観る者の精神を鈍化させた。／日々の困難さを隠して、晴れ晴れとした微笑み、心を魅了する歌の数々、陽光のもとでのロマンティックな恋など、予定調和の物語、緊張感のない芸術が、映画の発展を阻害し、ダイナミズムを麻痺させた」（小倉みさ子訳）

　この頃のジョージア映画は、ソヴィエト社会主義共和国連邦の映画にもかかわらず、歌や踊りに溢れて、大宴会が繰り返し描かれ、人々はワインを浴びるように飲み、『ケトとコテ』のようにブルジョア階級の世界を舞台にしていることが不思議です。ジョージア映画は概して草創期から欧米の映画の娯楽性をよく研究していました。戦後は映画の創始者たちの試みのうえに、外国映画のよさを巧みに

*50

吸収しながら、創作のみなもとを、自らの民族的特質に求めてゆきました。ジョージアの伝統や風習、風物、情熱的で大らかな精神を積極的に取り入れていったのです。

ジョージアのアニメーションで、国民的作家ヴァジャ・プシャヴェラの寓話をもとにした『カケスの結婚式』(1958)は、ジョージア式宴会など民族的要素は満載ですが、ウオルト・ディズニーの『白雪姫』と見まがうような作風とクオリティーでした。この作品も含まれると思いますが、ある委員会がアニメの監督たちをディズニーの影響を受けていると批判し、断罪しようとしました。そして有罪を証明するために、ディズニー作品がジョージアに持ち込まれ、ようやく人々は本物を観ることができたそうです。

スターリンが1953年に亡くなり、ベリヤも同年に処刑されました。1956年にはニキータ・フルシチョフ第1書記によるスターリン批判が行われます。そしてジョージア映画には過渡期がやってきます。

20余年にもわたって、社会主義リアリズムの号令下、画一的、類型的な作りを繰り返してきて、鈍化し、硬直してしまった精神から、ジョージアの映画人はもがき出ようと苦闘します。1954年に、製作母体がゴスキンプロム・ジョージアからジョージア・フィルム(カルトゥリ・ピルミ)に変わり、撮影所もトビリシ郊外のディゴミに移りました。そして1958年には、ドキュメンタリーおよび科学映画を製作する記録映画スタジオ、1968年には、ジョージア・テレビスタ

ジョージア映画の発展　　75

ジオが設立されます。この二つのスタジオも多くの映画製作に関わってゆきます。

　1950年代の半ば、ソヴィエトの政治、社会が「雪どけ」の時代へと変化してゆくなかで、洗練された芸術的感性で個性的な映画を製作する新たな人たちが現れてきます。その世代は、映画の魅力にとりつかれ、製作を志してモスクワ国立映画大学で学んだ人たちです。彼らはそれまでの映画の流れを変え、1960年代には、自らの民族性、独自の世界観、表現の新しい試みを、強烈に主張し、展開してゆきました。

戦後ジョージア映画の特徴

　戦後のジョージア映画で気がついたことをいくつか記します。

　ジョージア映画の根底には、ユーモアとアイロニーとともに、風刺性や批判性があります。ジョージア映画は人々や社会と密接に関わりながら作られ、テーマはさまざまですが、自らの社会や政治を批評する精神に長けています。ソヴィエト体制下では、映画は基本的に社会主義国家の発展を描かなければなりませんでしたが、ジョージア映画の語り口は極めて自由であり、反政府的だといえます。

　ソヴィエトの厳しい検閲下、ジョージアの映画人は比喩や暗喩を好んで使い、そこに社会や政治への批判を潜ませてきました。ですから寓話的、空想的な作品が多く、彼らはジョージア人ならではの詩人的気質と、豊かな想像力で生き生きとした物語を作り、密かに真実を語って、大衆の支持を得てきました。その典型がスターリンによる粛清、その暗黒の時代を描いたテンギズ・アブラゼ監督の『懺悔』でしょう。

アブラゼ監督『祈り』の厳粛な叙事詩的世界、レヴァズ・チヘイゼ監督『苗木』の人間味溢れる世界、オタール・イオセリアーニ監督『四月』のお伽話のような世界、いずれもタイプは異なりますが、寓話的世界のなかに現代社会への痛烈な批判がこめられ、ユーモアやアイロニー、ペーソスも絶妙に入り混じって、深い味わいが生まれています。特にエルダル・シェンゲラヤ監督の作品はもっと日本で知られてほしいと思います。並はずれた発想による寓話の話者として優れ、社会や政治への風刺は痛烈ですが、ユーモアとアイロニーは上質で気品があり、なによりも人間へのあたたかい視線がベースにあります。ソヴィエト時代、彼はジョージア映画人同盟の代表として体制の圧力と闘ってきた創造の自由の擁護者でした。そして作品においては、素晴らしい空想的世界を生む、類いまれな想像力の持ち主です。

　ここでふたたびケレセリゼさんの言葉を紹介します。

　「自由な精神は比喩を通じて表現されました。ジョージア映画のおかしな登場人物たちは、現実的な舞台で、あるいは時間や場所の特定されない架空の状況で、悪と闘い、美を守り、人間の善の不滅を信じ、登場人物たちの名誉や自由を尊び、切なさの漂うユーモアを通して世界を眺めてはあらゆる困難に笑顔で打ち克ったのです」

（児島康宏訳）

　戦後のイタリアのネオリアリスモやフランスのヌーヴェル・ヴァーグの影響を受けないわけはありません。フィクションとしてキャスティングをしているにもかかわらず、ドキュメンタリーと見紛うようなドラマを作る傾向も、この国の映画には目立ちます。少し考えるだけでも、オタール・イオセリアーニ監督『田園詩』、ソソ・チハイゼ監督『トゥシェティの牧人』、レゾ・エサゼ監督『ナイロンのクリスマスツリー』、ダヴィト・ジャネリゼ監督『デドゥナ』

などがあげられます。ほかにもラナ・ゴゴベリゼ監督『インタビュアー』にもその傾向が見られますし、ジョージアの劇映画のフィクションとドキュメンタリーの二極性は興味深いです。

　ジョージア映画には家庭や家族をベースにした映画が多いと思います。ジョージアはとりわけ家族を大切にし、子どもたちは独り立ちすることが少なく、したがって大家族になり、兄弟姉妹、親戚関係も密です。ときには親戚同士が大きな家に一緒に住むケースもあります。その負の部分として、家父長制、男性中心社会が確固として続いています。デダ（ジョージア語で母の意味）は、デダミツァ（大地）、デダエナ（国語）など大切な言葉に使われていて、母系社会のイメージもありますが、昔から男性は戦って国や家族を守り、女性は男性に守られ、子どもを生んで育てるという既成概念があります。今日の女性の権利を考えると、ジェンダーの問題はまだこれからという印象があります。

　世の中の多くのもめごとは家族関係から起こるともいいますが、ジョージア映画でも、家族間の愛情や歓びはもちろんのこと、衝突、別離、崩壊がさまざまな形で描かれています。家族が人類の最初の社会的関係であることを、映画を観て改めて気づくほどです。トビリシで民泊したときには、毎朝、家族間の喧嘩の大声で目を覚ましたものです。だいたいすぐに仲直りするのですが、ジョージアの人たちは日本人より裸の感情でぶつかりあい、それに慣れているのでしょう。一方で、社会や家族関係から自由なアウトサイダーに憧れのような思いがあるようです。映画にも如実に現われていて、ギオルギ・シェンゲラヤ監督『放浪の画家ピロスマニ』しかり。盗賊、義賊もヒーローとして映画に描かれ、人々に愛されています。この相反するようなモチーフがともに目立つこともジョージアらしくて興味深いことです。

*51

　何作品か観ていると、撮影の舞台となる場所にも興味が生まれます。ジョージアを訪れた観光客がトビリシで必ず訪れるルスタヴェリ通り、メテヒ教会など、街のランドマーク的な場所が映ります。ルスタヴェリ通り*51は、国会議事堂、博物館、美術館、劇場が並ぶトビリシの目抜き通り。メテヒ教会は旧市街に近く、街の中央を流れるムトゥクヴァリ川（クラ川）沿いにあります。戦後のグルジア映画では、半径わずか数キロのこの界隈を舞台に、数多くのドラマが描かれてきました。ルスタヴェリ通りを歩いていると、映画の主人公たちが同じように歩いていた物語を思い出して感慨にふけります。そして周囲を歩いている老若男女の人々に、映画で描かれた数々の人生、喜びや悲しみ、出会いや別れを重ねるのです。この通りでは政治的な衝突も繰り返され、犠牲者が出たこともありました。明るく日の当たるこの大通りは、ジョージア人の心のスクリーンなのです。

　2009年秋のことでした。久しぶりに訪れたジョージアは1990年代の混乱から20年近く経っていましたが、建物や道路はとても傷んでいて、インフラが復旧した様子もなく、人々の厳しい生活がうかがえました。世界がこの国を見捨てているようにも思いました。しかし週末の夜、ルスタヴェリ通りを歩いていると、どこからか春の小鳥の歌のような、人のあたたかい声が聞こえてきたのです。気がつくと、通りには散策する人たちのたくさんの笑顔がありました。

ジョージア映画の発展　　79

＊52（右）
＊53（左）

家々の小さな灯もとてもあたたかく感じられ、無機質な空気が濃くなる日本の社会となんと違うのだろうと思ったものです。

テンギズ・アブラゼ監督とレヴァズ・チヘイゼ監督

　ミハイル・ロンム、セルゲイ・ユトケーヴィチ両監督の下で学んだテンギズ・アブラゼ監督[*52]（1924〜94）とレヴァズ（レゾ）・チヘイゼ監督[*53]（1926〜2015）が製作した『青い目のロバ[*54]（原題『マグダナのロバ』）』（1955）は、カンヌ国際映画祭短篇部門グランプリを受賞し、世界の脚光を浴びました。ジョージア映画の歴史上、画期的な出来事です。

　アブラゼ監督とチヘイゼ監督がトビリシの演劇学校の学生だった頃、セルゲイ・エイゼンシュテイン監督の『イワン雷帝』第１部を観て感激し、あなたの照明係に加えてほしい、あなたと同じ空気を吸うことさえできればいいのですと、当時入院中だった監督に手紙を送りました。エイゼンシュテイン監督の『イワン雷帝』は３部作になる予定で、第１部（1944）は評価されましたが、第２部（1946）は中央政府に批判されて、公開が禁止され、第３部は半分ほど撮影されていましたが、すべて破棄されました。元来、大戦中の愛国心を発揚させるための作品でしたが、イワン雷帝の恐怖政治というネガティヴな側面がスターリンを彷彿させたために、初の体制批判を試みた映画ともいわれています。1946年４月、エイゼンシュテイン

＊54

監督からはすぐに返事がきましたが、当時の彼がおかれた厳しい状況をふまえて「映画人のパンはとても辛いパンであることを君たちに知ってほしい。そしておそらくすべての芸術の仕事のなかで最も骨の折れるものです」そして「ルネサンス時代のように、巨匠と弟子が一緒に仕事をした時代は終わりました。ですからモスクワ映画大学に入学して、映画を学ばなければ何も得られません」と書かれていたそうです。その言葉に若い二人は決意を固めてモスクワ映画大学に入学しました。彼らは図式的、類型的になり新鮮さを失っていたジョージア映画に、創造的な活気を蘇らせようとしていたのです。

『青い目のロバ』は、病になり路傍に捨てられていたロバを救った貧しい母子の姿をとおして、富める者が社会を牛耳っている不公正さ、庶民の生活と情愛、子どもたちの無垢な心を描いた作品です。ジョージア映画が本来もっている、テーマを詩的で高潔なロマンティシズムによって表現豊かに描く傾向と、現実の街や農村の暮らしを社会的視点で描く傾向を自然に融合させることに成功し、その後のジョージア映画に大きな影響を与えたといわれています。なによりも現実味あふれる市井の人を主人公にしたことが新鮮でした。しかし、この作品のスターリン主義下の規範と大きく異なる語り口は、上層部からつよく批判され、製作の差し止めや、監督の交代などさまざまな圧力が加えられましたが、熱く擁護する人たちもいました。

ジョージア映画の発展

19世紀の作家エカテリネ・ガバシュヴィリの小説を翻案した作品ですが、監督たちと脚本のカルロ・ゴゴゼによって大きく手を入れられています。映画では、母子のおかげで元気になったロバは、裁判によって元の所有者の腹黒い金持ちに「奪われ」、社会の不条理が浮き彫りにされますが、原作ではロバは貧しい母子のもとに帰り、めでたく終わるのです。常套的な終わり方ではなく、観るものに衝撃を与えて問題提起をする、その大きな変更は議論になったようですが、その後のジョージア映画の製作姿勢に影響を与えたに違いありません。

　チヘイゼ監督は1980年代に来日し、私もお会いしたことがあります。彼は1970年代から撮影所の所長をしていたと思います。ジョージア映画の製作代表として、ソヴィエト体制と躍進するジョージアの映画人の間に立って苦労が多いのでしょう。私たちは大監督に対して失礼にも「ヒゲだるまさん」と呼んでいましたが、ソ連大使館の関係者から少し離れて、温厚そうな笑みを寂しく浮かべていたことを思い出します。彼は1956年に『わが団地』を発表します。トビリシの街を見下ろす大きな団地の住人たちを描いた群像劇ですが、チヘイゼ監督の人々への確かな目線を感じます。庶民へのあたたかい愛情が溢れていて、一人一人の人間性を丁寧に描写していることに大きな感銘を受けました。このチヘイゼ監督の製作姿勢はその後も一貫しています。カメラも素晴らしく、各階と部屋と部屋のドラマをつなぐスピード感溢れる手腕が心地よく、屋内の描写に対して、大空や遠景を効果的に使っていて、映画の醍醐味を感じさせます。物語の中心は、マナナという女性の青年への恋、そしてキキノという娘とダトとの愛の目覚めですが、キキノは巨匠ミヘイル・チアウレリ監督と女優ヴェリコ・アンジャパリゼの間にできた娘で、後の大女優ソフィコ・チアウレリ。ダトは巨匠ニコロズ・シェンゲラヤ

*55

監督と女優ナト・ヴァチナゼの息子、後の名監督ギオルギ・シェンゲラヤが演じています。当時、二人はおしどりコンビでした。

　チヘイゼ監督は、優しくあたたかな視線で、登場人物それぞれを細やかに描き、深い人間愛にあふれた作品を発表してゆきます。代表作『戦火を越えて*55（原題『兵士の父』）』（1964）は、多くの人が真っ先にあげる名作です。老農夫である父親が出兵した息子を探して、戦場を旅する姿をとおして、彼の息子への無私の愛に対比させるように、悲惨な戦争の真実を痛烈に描きます。ソヴィエト映画には愛国や戦意高揚を描いた作品は多くありましたが、戦争の愚かさを描いたこの作品は新鮮です。プロパガンダやイデオロギーではなく、主人公であるジョージア人農夫の息子への愛情とともに、葡萄畑をつぶす戦車を必死になって止めようとする大地への熱い心、周囲の人々の様子もつぶさに描かれていて、人間の存在を中心に据えた堂々たる作品です。父親を演じるセルゴ・ザカリアゼの人間味あふれる情熱的な演技がひときわ印象に残ります。ちなみに戦争の不毛を少年の視点で描いたアンドレイ・タルコフスキー監督『僕の村は戦場だった』は1962年の作品です。

　チヘイゼ監督の『苗木*56（邦題『ルカ爺さんと苗木』）』（1972）は、ルカ爺さんが、孫とヘチェチュリという珍しい梨の苗木を手に入れるための旅を描き、時代の変化のなかで人間としての在り方を問います。『苗木』のいくつかのエピソードが忘れられません。その苗木

ジョージア映画の発展　　83

＊56

が実を収穫するまでに15年かかると聞いて、人々は「爺さん、実がとれるまで生きていられるか？　もっと早く収穫できる木にしたらいい」「その頃には核戦争で地球がなくなっているよ」などといいますが、ルカ爺さんと孫は耳を貸しません。そしてラストシーンでは泥濘で車が立ち往生して困っている人を助けるために、ようやく手に入れた大切な苗木をすべて犠牲にしてしまうのです。

　いずれの作品も、印象に残るシーンが積み重ねるように置かれますが、情感豊かに、人間はいかに生きるべきかと問い、時代の流れに抗い、社会を厳しく告発する力強さがあります。

　一方でアブラゼ監督は『他人の子どもたち』(1958) を発表します。妻を亡くして二人の子どもたちと暮らす貧しい運転手は、新しく出会った女性に思いを寄せるようになります。子どもたちと偶然知り合った若い女性ナトは、献身的に彼らの面倒をみるうちに愛情が生まれてゆきます。彼らの思いや葛藤を、トビリシの街並みを舞台にみずみずしく描いて、1960年のロンドン国際映画祭でグランプリを受賞しました。イタリアのネオリアリスモに共感し、前作『青い目のロバ』と同様に子役を生き生きと演技させて、新しい家族の問題を描いています。その後、作家ノダル・ドゥンバゼの国民的小説を映画化した『僕とおばあさんとイリコとイラリオン』[57] (1962、原作は児島康宏訳で未知谷刊) を製作します。この作品も前作と同様に、イタリアのネオリアリスモに通じる試みでしょう。社会に対しての思

*57

いがこめられています。映画は、二人のひと癖あるおじさんと優しい祖母に囲まれて暮らす少年の成長譚です。小説と同じくオムニバス風の作りで、心あたたまる作品ですが、冒頭、おじさんが狩猟中に誤って愛犬を銃で殺してしまいます。原作にあるエピソードとはいえ、映画となると観る者にはショックでした。このシーンや『青い目のロバ』のラストの展開には、醒めた厳しい視線が感じられます。『他人の子供たち』でも、ラストは離れかけていたナトと子どもたちが再び一緒になりますが、ナトの表情は沈んでいて、決してハッピーエンドではありません。

ジョージア映画を支える名門

　ギオルギ・シェンゲラヤとソフィコ・チアウレリは、ミヘイル・チアウレリ監督の『若い娘の物語』(1960)や『あなたは以前に見たものをもう見られない』(1965)等で共演しています。ともに青年と娘の恋物語。往年のグルジアの風俗も描かれて興味深い娯楽劇です。
　この二人は、日本でいえば山口百恵と三浦友和のような感じなのでしょうか。後に二人は結ばれて、私のトビリシの友人、美術家のニクシャ(ニコロズ)・シェンゲラヤは両者の息子になります。
　ジョージアの芸術家たちの系譜を辿ってゆくと、その血の濃さに

驚くことがあります。芸術家の名家の血が互いに交じりあって、子孫へと受け継がれてきました。映画人だけを見ても、前述のようにニクシャの父方を辿ると、父ギオルギと伯父エルダル・シェンゲラヤ監督の両親は巨匠ニコロズ・シェンゲラヤ監督と大女優ナト・ヴァチナゼ。ヴァチナゼの妹が『エリソ』の女優キラ・アンドロニカシュヴィリです。母方を辿ると母、大女優ソフィコ・チアウレリの両親は巨匠ミヘイル・チアウレリ監督と大女優ヴェリコ・アンジャパリゼ。アンジャパリゼの姉妹に女優メリ・アンジャパリゼ、その息子はギオルギ・ダネリア監督。つまりチアウレリ監督はダネリア監督の伯父にあたります。

　ヌツァ・ゴゴベリゼ監督の娘ラナ・ゴゴベリゼ監督、その娘サロメ・アレヒ監督という女性監督の系譜。テンギズ・アブラゼ監督の義理の娘がナナ・ジャネリゼ監督。テムル・バブルアニ監督の娘がソフィア・バブルアニ監督、息子がゲラ・バブルアニ監督、親戚には『花咲く頃』主演のリカ・バブルアニがいます。ミヘイル・カラトジシュヴィリ監督の息子がギオルギ・カラトジシュヴィリ監督、さらにその息子がミヘイル・カラトジシュヴィリ監督。ショタ・マナガゼ監督の息子がノダル・マナガゼ監督……という具合です。

　ここでジョージアの俳優について少し触れておきます。ジョージア映画を見ていると、馴染みの俳優が何人もでてきます。みんな味わい深い表情の、いぶし銀ともいえる個性的な俳優ばかりです。私がまだ未熟なものですから、個人的に惹かれている方を数人あげます。男優では、ダヴィト（ドド）・アバシゼ、カヒ・カヴサゼの荒削りな男臭さ、ギヴィ・ベリカシヴィリのひょうきんな演技。ラマズ・ギオルゴビアニのとぼけた味わい、アフタンディル・マハラゼのマグマを秘めた存在感。女優では、才能豊かなソフィコ・チアウレリ。セシリア・タカイシュヴィリの年配役、その優しい味わい、

どの人も人間的な温もりを感じて、忘れがたい名演技がいくつもあります。

　中国の映画人から、素晴らしい俳優ほど街なかでは目立たないと教えられたことがあります。2016年の春、ギオルギ・シェンゲラヤ監督の長年の功績を称えてセレモニーが行われ、私も参加したのですが、ギオルギの左側にいる人たちを、一般人かスタッフだと思っていました。今にして思えば大俳優のカヴサゼ氏とベリカシュヴィリ氏ではないかと思います。ここまで書いたところで、トビリシの児島康宏さんからベリカシュヴィリ氏の訃報がはいりました。数々の素晴らしい映画に出演され、人々の心を暖めてくれたことに感謝をこめて、ご冥福をお祈りします。

ふたたびジョージア問題、そして民衆の反発

　1953年にスターリンが死去した後、1956年2月、フルシチョフによってスターリン批判が行われましたが、このなかで、1920年代のソヴィエト政権樹立後に起こった「ジョージア問題」、ジョージアの自立をめぐる激しい論争が、スターリン体制下で抹殺され、隠ぺい、歪曲されていたことが明らかにされて問題になりました。

　「スターリン批判」はスターリン個人への批判にとどまらず、スターリンの出身地であるジョージアの人々の民族感情を傷つけるものでした。同年、ジョージアの人々はスターリンの大きな被害者であったにもかかわらず、民族を侮辱されたとして、若者を中心に大規模な抗議運動を起こし、3月9日、当局によって武力弾圧されて多くの犠牲者がでました。一説には死者は数百人ともいわれています。ジョージア問題に通じる民族の権利擁護の要求が背景にあり、

この問題の複雑さを思い知らされます。同じ年にはハンガリー動乱が起きています。ジョージア映画は、ひき続き検閲をとおして作られていましたが、内外の政治社会のさまざまな動きと無縁ではなかったはずです。ジョージアのこの事件はジョージアの人々のクレムリン＝中央政府への姿勢を方向づけました。

　ソヴィエトは1950年代半ばに、いわゆる「雪どけ」の時代を迎え、映画はプロパガンダではなく、作家性、芸術性も重んじられるようになります。映画の登場人物も自由な個性を得て、全人的に描かれるようになり、製作上の新しい試みも許されるようになりました。しかしこの「雪どけ」も長くは続かず、1960年代に入ると、ふたたび締め付けが厳しくなります。それでも映画人たちは検閲との長く根気のいる闘いを経て、個々に新鮮な作風で映画を作ってゆきます。

テンギズ・アブラゼ監督の『祈り　三部作』

　アブラゼ監督は『僕とおばあさんとイリコとイラリオン』の後、それまでのリアリズムの手法を、寓話的、象徴的表現に大きく変え、約20年の歳月をかけて、三部作となる『祈り』、『希望の樹』、『懺悔』を発表してゆきます。その作品ごとに変容してゆく作風には、眼を見張るものがあります。彼が映像の造形的な可能性と、表現の豊かさを限りなく追求する作家であったことがよく理解できます。テンギズ・アブラゼ監督が後に三部作と名づけた3作品は、あたかも人類誕生のときからあった物語のように思えます。人間と社会が永遠に抱える不条理、野蛮な本性や社会がもたらす暴力を異なる視点で描いて、人間性を虐げるものを告発しています。そして各作品は倫理的志向、叡智への希求、叙事詩性において至高の領域に達してい

ます。この崇高ともいえる世界は、初期の作品の醒めた厳しい視線のなかから生まれたものだと理解しています。

　彼の変化をジョージア映画内で台頭してゆくドキュメンタリズムへの反発だったと指摘する人もいました。この言葉は1950年代後半のフランスのヌーヴェル・ヴァーグへの対応を意味していると思います。ジョージア映画は1960年代に多様な展開を見せますが、アブラゼ監督は、モンタージュ理論など、古典的手法の価値も認めたうえで、方法論に偏らずに、自身の表現世界の確立を目指していたのでしょう。

　2017年7月、アブラゼ監督の娘で、『懺悔』で粛清される一家の妻を演じているケテヴァン・アブラゼさんを、私は児島康宏さんとトビリシ郊外にある彼女の新居に訪ねました。ケテヴァンさんは飾らない気さくな方で、リビングルームにはアブラゼ監督の第1作『青い目のロバ』がカンヌ国際映画祭で短篇映画部門のグランプリを受賞したときの賞状や、アンジェイ・ワイダ監督、フェデリコ・フェリーニ監督との交流の写真が飾られ、3階にはアブラゼ監督の作品関係の資料がきちんと整理されていて、彼女の父親への深い尊敬と愛情が感じられました。私は資料のなかに高野悦子の名刺や、岩波ホール公開時の『希望の樹』のチラシを見つけて感動しました。

　彼女にアブラゼ監督の作風が『祈り』以降、大きく変わったのはなぜでしょうかとたずねると、「洗練されたのです」と微笑みを浮かべながら答えていました。

『祈り』[*58]（1967、サンレモ国際映画祭グランプリ）は驚くべき作品です。当時は芸術的にあまりに高度な内容のために、ほとんど論じられることがなく、後年『懺悔』が話題になったことを機に、注目されるようになったと娘のケテヴァンさんは語っていました。

ジョージア映画の発展　　89

*58 © "Georgia-Film" Studio, 1968 © RUSCICO, 2000

　『祈り』はジョージアの北東部、コーカサス山脈の一地域、ヘヴスレティの峻厳な自然と、辺境ともいえるシャティリの中世の要塞村を舞台に撮影されました。ジョージアでも特別な場所です。

　モノクロームの荘厳な映像が強烈に印象に残ります。白、灰色、黒の鮮やかなコントラストが、映画のテーマである善と悪、光と闇のせめぎあいを思わせます。詩的、象徴的な映像は威厳があり、登場人物の旧約聖書を思わせる表情とともに、彼らの激しい心の葛藤を伝え、物語の劇的な展開が、宗教劇のように観る者に圧倒的に迫ってきます。全体的に、古代の神話やイコンを思わせるような風格があり、孤高という言葉がふさわし唯一無二の映画だと思います。

　撮影をしたのは、この作品が初めてのアレクサンドレ・アンティペンコです。ジョージア人ではないかもしれません。卓抜した感性と技術、驚くべき才能の持ち主だと思います。しかし彼はこの直後に撮った、やはり映像でも注目されたミヘイル・コバヒゼ監督の『音楽家たち』(1969) 以降、映画の仕事からは残念ながら離れているようです。作品全編にわたって沈黙が支配しています。神の沈黙です。ほとんど台詞はなく、独白のようなナレーションによって物語が進められます。この独特な手法で語られた言葉は、映像の造形的な力強さ、美しさと相まって、聖書のような重みがあります。

　原作はジョージアを代表する19世紀の作家ヴァジャ・プシャヴェラの代表作であり、叙事詩『アルダ・ケテラウリ』、つづいて『客

*58 © "Georgia-Film" Studio, 1968 © RUSCICO, 2000

と主人』の世界が映像化されています(『祈り』児島康宏訳で冨山房インターナショナル刊)。二つの叙事詩は、コーカサスの山岳地方に暮らす宗教、因習の異なる村人たちの因縁の対立を背景に、人々の迷妄や不寛容さが招いた過ちを描き、人間の原罪、ひいては報復ではなく和解を唱え、殺されれば殺すという、憎しみ、復讐の連鎖を断ち切る精神の気高さを謳っています。ナレーションも、その詩をもとに考案されていて、映画冒頭には同じくプシャヴェラの『我が嘆願』、最後には『天よ、私に雹(ひょう)を打ちつけよ』の一節が朗読されます。ほかにも代表作の『蛇を食う者』の一節も巧みに使われていて、アブラゼ監督のプシャヴェラ文学への造詣の深さがうかがえます。

　コーカサスのヘヴスレティに暮らすヘヴスリ(キリスト教徒)のアルダは、キスティ＝チェチェン(イスラム教徒)のムツァルと互いに正々堂々と戦い合い、アルダはムツァルを倒しました。そして彼はムツァルの勇敢さに敬意を表し、ヘヴスリの仕来たりである敵の右手を切って持ち帰ることを止めます。しかしこの伝統を犯したために、アルダは一家とともにヘヴスリの村から追放されました。

　キスティのジョコラは、狩りでヘヴスリのズヴィアダウリと知り合います。ジョコラはズヴィアダウリに敬意を払い、家に招きますが、村人たちはズヴィアダウリが仲間を何人も殺した敵であることを知っていたので、彼をジョコラの家で捕えて村の墓場で処刑します。ジョコラは敵ではありますが神聖な客人に手を出されたことに、

ジョージア映画の発展　　91

＊58 © "Georgia-Film" Studio, 1968 © RUSCICO, 2000

誇りを傷つけられ、ジョコラの妻アガザは屈辱を受けながらも誇りを失わずに死んだズヴィアダウリに涙します……。

『祈り』の冒頭に、プシャヴェラの「人の美しい本性が滅びることはない」という言葉が置かれています。この言葉には、プシャヴェラの人間の善良さへの信頼、そしてアブラゼ監督の倫理性、審美性が融和し、魂の気高さや尊厳が明確に表わされます。この言葉は「三部作」に共通する普遍的なテーマだと思います。すなわち「三部作」は、ジョージア映画の普遍的なテーマの一つである愛、友愛、寛容という人間性の理想への志向を象徴するような作品なのです。

プシャヴェラの原作には登場しないシーンが断続的に挿入されます。白い装束の聖女、彼女を陵辱する悪魔のような男、ヘヴスリの戦士による3人の象徴劇です。そしてときどき現れる現代の葬列が謎のように心に残ります。この葬儀の死者が、当時の書記長フルシチョフに似ていると指摘する人がいました。それならば他の人たちはソヴィエトの歴代の要人ではないかと勘ぐりたくなります。おそらくソヴィエト政府への批判が込められているのでしょう。

舞台であるヘヴスレティについては、ジョージアのガイドブックにこのように書かれていました。

「この地域はコーカサスの巨大な山々に囲まれた、外の世界から閉ざされた特別な土地です。神秘的でユニーク、魔術的であり、古代からの異教の伝統が未だに生きている場所であり、村々が谷間の

*58 © "Georgia-Film" Studio, 1968 © RUSCICO, 2000

秘密を守っています。1930年代まで、人々は鎖の鎧を身に着け、剣と盾を携えていました。ソヴィエト政府は、この地の古代からの生活様式を破壊しようとしましたが、地元の誇り高い人々の手によって、儀式、歌、工芸は今も大切に保存されています。チェチェンと国境を接する要塞村シャティリやムツォは、長い年月を敵の侵略から耐えてきました。岩山の斜面に建てられた4、5階ある石造りの塔は、住居と要塞を兼ねていて、敵が村に侵入してきたときは、屋上で結ばれるようになっています」

　作家プシャヴェラは、画家ピロスマニと同時代の19世紀半ばから20世紀初頭にかけて生きた偉人です。ジョージアでは、人々が尊敬する芸術家はたくさんいますが、なかでもプシャヴェラは、中世の叙事詩『豹皮の騎士』を書いた詩人ルスタヴェリや画家ピロスマニと同じように、ほかの芸術家とは別格の扱いのようです。ジョージアの芸術を語るうえで、とても重要な人物なので児島康宏さんによる紹介文を引用します。

　　　ヴァジャ・プシャヴェラ（1861〜1915）。ジョージアの近代文
　　学を代表する作家・詩人の一人。本名ルカ・ラジカシヴィリ。
　　筆名のヴァジャ・プシャヴェラは「プシャヴィ（ジョージア北
　　東部の山岳地域）の息子」の意味。プシャヴィ地方の山間の小
　　村、チャルガリ村に村の教会の司祭の子として生まれる。ゴリ

ジョージア映画の発展　　93

（ジョージア中部）の学校を卒業後、ロシア・ペテルブルグ大学の聴講生となるが、金銭的に困窮し1884年に帰国。国語教師として数年間働いた後、チャルガリ村に帰り、以降、畑を耕し家畜を世話するかたわら数多くの叙事詩、詩、短篇、戯曲、評論を書いた。作品は同時代の人々からも極めて高い評価を受け、死後、首都トビリシの偉人廟に葬られた。作品にはジョージアの山岳地方の伝統・民俗が色濃く刻まれている。辺境の村から土着の世界に深く根ざした作品を生み出した作家として、ジョージア文学のなかでも特異な位置を占める。

　代表作に叙事詩『客と主人』、『アルダ・ケテラウリ』、『蛇を食う者』、短篇『仔鹿の物語』、『カケスの結婚式』、『鼠取り』、『山はたった１度いった』、『枯れたブナの木』など。作品はこれまで20以上の外国語に翻訳されている。

　2016年秋に来日したオタール・イオセリアーニ監督は取材を受けながら、なにやらジョージア文字で紙に書いていました。後で調べてみるとプシャヴェラの『鷲』という有名な詩でした。

　私は拙い英語力で英訳本を拾い読みするくらいで、実際にどれほど素晴らしい作家なのかはわかりませんが、ジョージアでは彼の名前を口にすると、誰もが、うっとりした表情になり、自分のことをそっちのけで、彼の素晴らしさを語り始めます。

　ジョージア映画を見ていても（ルスタヴェリやピロスマニにもいえることですが）、屋内のシーンなどで隅にさりげなく彼の著作が置かれていたり、壁に彼の写真が飾られています。ジョージア映画発展基金の事務所にも肖像写真が飾られていましたし、いかに彼が人々に尊敬されているかがわかります。

　2017年にジョージアを訪れた際に、同行の金子遊さんの発案で、

*59　　　　　　　　　　　　　　　　　　　　　*60　　　　　　　　*61

　児島康宏さんの運転でヘヴスレティ方面へドライヴしました。深い緑のなかをひたすら北東へ向かいました。プシャヴェラの故郷チャルガリ村には彼の立派な記念館*59があり、暮らした家も大切に保存されていました。そしてさらに北上してヘヴスレティに入ると、バリサホ村では、道端でヘヴスレティの工芸品を売るお祖母さんに所望したら、プシャヴェラの詩を朗唱してくれ、家の前で孫と遊んでいたお祖父さん*60は、昔の戦を謳った叙事詩を延々と暗唱してくれたことには驚きました。

　その先のコルシャ村にはヘヴスリの資料館があり、民族衣装や生活の道具がたくさん展示されていました。『祈り』撮影時の新聞記事も額装されていたので、そこを管理するショタ・アラブリ*61さんに、プシャヴェラの詩のように、ヘヴスリの人たちは敵の右手を切り取ったのかと尋ねると、それは作家の創作だときっぱりいわれました。

　プシャヴェラの『客人と主人』には、後年のザザ・ウルシャゼ監督『みかんの丘』(2013) の物語にも見られるコーカサス人のしきたりがあります。ジョージアの有名な歓待の背景には「お客さまは神さまの使い」という考えがあり、家のなかでは家主が絶対であり、たとえ敵でも、大切なお客さまとして迎えることが礼儀なのです。

　三部作の『祈り』と『希望の樹』の合間に、アブラゼ監督は『私の恋人のための首飾り』(1971、全ソヴィエト映画祭最優秀喜劇映画賞)を、ダゲスタンの山村を舞台に撮っています。ダゲスタンの作家ア

ジョージア映画の発展　　95

＊62 © "Georgia-Film" Studio, 1977 © RUSCICO, 2000

フマド・アブバカロフ原作の、アブラゼ監督初のカラー作品です。コメディー風の恋物語なのですが、メルヘンのように描かれます。原作の舞台ではありますが、ダゲスタンにしたのも、その独特な風土の映像的効果を狙ったのでしょう。詩的イメージが豊かで、色彩センスも素晴らしく、パラジャーノフ監督の世界を彷彿とさせます。撮影が『希望の樹』と同じロメル・アフヴレディアニと知って納得しました。

　『希望の樹[*62]』（1976、全ソヴィエト映画祭大賞、ダヴィト・ドナテッロ賞他）は、作家ギオルギ・レオニゼ（1899〜1966）が1962年に発表した21篇の短篇集をもとにしています。彼の幼年時代の思い出、詩的なイメージやファンタジーが渾然としている作品集といわれ、村人たちの思いや実際にあった出来事がリアルに描写されているそうです。作家から原作を寄贈されて以来、アブラゼ監督はこの多元的で詩情豊かな世界を愛読し、映画化を夢見てきました。そしてイオセリアーニ監督『田園詩』を担当したレヴァズ・イナニシュヴィリとともに脚本を書き上げたのです。

　ロシア革命前の揺れ動く時代、東ジョージアのカヘティ地方を舞台に、四季折々の美しい自然のなかで、貧困や古い因習のために、愛を貫いた二人の純真な若者が潰されてゆく姿を、詩情豊かに描いています。美しい聖女のようなマリタと貧しい牧童のゲディアは愛

96

*62 © "Georgia-Film" Studio, 1977
　　©RUSCICO, 2000

し合っていますが、マリタは貧しい家族のため、村の長老のいうがままに金持ちのシェテと結婚しなければなりませんでした。シェテの母親は、マリタが結婚後も、息子ではなくゲディアを愛していることを知ります。村人たちは慣習に従って、マリタを雪のなか、村中引き回し、彼女は泥まみれになって亡くなります。そしてゲディアも何者かに銃殺されます。映画終了前のナレーションがつよく印象に残ります。「このような汚れた場所に、美しい花が咲いたことが不思議に思える。美しいものはどこから来て、どこへ帰ってゆくのか、それとも戯れに姿を隠しているだけなのか」。アブラゼ監督は「人生において善良さと美しさを除いて、すべては過ぎゆくものだ」とも語っています。

　『祈り』の冒頭にも、プシャヴェラの「人の美しい本性が滅びることはない」という言葉を置いているように、人類の愚行が繰り返されても、彼は人間への信頼を決して失うことはありません。

　映画の冒頭、草原一面に咲き乱れる赤いけしの花のなかで死んでゆく白馬が印象的です。白馬は無垢な美しい心を表わしているのでしょう。その死を見つめる少年は、10歳の頃の作家レオニゼを表します。若い二人の悲劇を主軸にして、時代の狭間に生きる村人たちのさまざまな姿が冷徹に、しかし愛情をもって点描されてゆきます。

　因習のなかに生きる村の長老ツノツィコレ、ジョージアの過去の栄光に固執する学者ブンブラ、新しい時代の到来を説き、その音を

ジョージア映画の発展　　97

*63 © "Georgia-Film" Studio, 1977
©RUSCICO, 2000

聴こうとするアナーキストのイオラム、奇跡を信じ、黄金の魚や魔法の石を探し求める夢想家エリオズ、放浪にあけくれ想像の恋物語を生きがいにしている女プハラ、人間的な欲望を捨てきれない神父オフロヒネ、豊満な肉体で村中に色気をふりまくナルギザなど、なんとも個性的な人々です。彼らを演じたジョージアを代表する俳優たちの演技が素晴らしく、入念なキャスティングによる俳優のアンサンブルが光ります。

　映画の前半、泉のそばでマリタに頬にキスされる三人の若者のうち、三番目にキスされる青年が、今日、『泉の少女ナメ』(2017)で知られる若きザザ・ハルヴァシ監督(1957〜)です。彼はアブラゼ監督の愛弟子であり、『懺悔』では助監督も務めています。撮影当時の思い出を語ってくれました。

　アブラゼ監督は俳優たちに自由に演技させ、俳優たちも主体的に製作に加わるので、彼らの演技や台詞には説得力があります。ラストの霧のなか、マリタが処刑されるために連れてゆかれ、セシリア・タカイシュヴィリ演じるお祖母さんが泥に膝をついて嘆くシーン。彼女は前日にアブラゼ監督から渡された台詞を語りながら、大変寒いなか、泥に漬かりながら5、6回演じ、アブラゼ監督は満足して撮影を終了させました。しかしタカイシュヴィリは、お願いだからもう1度撮ってほしいといいます。その頃はフィルムの量が厳しく決まっていたので、なぜかと聞いたら、台詞は口に出さずに心

のなかでいう、それをもう1度撮ってほしいと答えたそうです。結局、ふたたび撮影し、編集で採用されて最も印象的なシーンになりました。ジョージアの俳優の実力を感じさせる素晴らしい演技です。

　私は映画に描かれた人たちに象徴される多様な個性、そして夢を見る力こそ、ジョージアの変わらない魅力だと思っています。この映画に描かれた人々の生々しい生き様は、どこの社会にもあるように思えますが、近頃の日本ではあまり見受けられなくなりました。現代人は時代に対して受身であり、その流れに呑み込まれてしまっているようです。映画から時代は人が作るものであることを改めて教えられました。

　『希望の樹』は1976年の作品です。この作品に限らず、ジョージアの映画は揺れ動く当時の政治社会の気運と無関係ではありません。

　1970年代には「ジョージア問題」が再々燃します。1972年にジョージア共和国第1書記に就いたエドゥアルド・シェヴァルドナゼ（彼は1985年にゴルバチョフ書記長から任命されて外務大臣に就きます）が、中央のモスクワの意向を代弁するように「ジョージア問題」を切り捨て、「大ロシア民族主義」を唱えたことに、ジョージアの人々が猛反発しました。このことについては後に自著で内情を書いていますが、この事件によって、人々の民族意識は高まり、公の行動に現れるようになりました。特に1978年春、ジョージアの新憲法草案からジョージア語を国語とする規定を外したことに、人々は激しく抗議し、ジョージア語の擁護を主張して暴動にまで発展しました。さらにこの時に捕えられた人々の解放を呼びかける大規模なデモや集会も行われました。この1978年は『ピロスマニ』が日本で公開された年であり、秋に来日したシェンゲラヤ監督のつよい民族的主張は今にして納得できます。1981年に、私がジョージアで同世代の若者たちと交流したとき、彼らがジョージア人としての誇り、ジ

ジョージア映画の発展　　99

*64 ©Georgia-Film, 1984 ©RUSCICO, 2003

ョージアへの愛を熱く語り、ソヴィエトからの独立をつよく願っていたことも、背景にはこのような社会事情があったのでしょう。

『希望の樹』の岩波ホールでの公開は1991年の3月でした。つまり翌4月9日にジョージアが独立を宣言する直前でした。

その状況をふまえて、ギオルギ・シェンゲラヤ監督が、手紙という形で言葉を寄せてくれました。「……（私たちは）自由、国家の独立など、民主主義を基礎に、要求していますが、今のところ、その実現は大変困難です。というのも長い間ジョージアはソ連邦の一員でしたから。しかし、それにもかかわらず、私たちは楽観的に未来を見つめています。"希望の樹"で、一人の男が耳を大地につけて、ある力が近づいてくる音を聴き、それを待っているように、私たちも耳を大地につけて、ジョージアが自由になる時を待ち焦がれ、ジョージアが独立するときの音を聴いているのです。これは排他的な少数主義を意味しません。私たちは常にロシアをはじめとして世界の文化人と交流してきましたから……」

1980年代のゴルバチョフ書記長による改革、ペレストロイカ（建て直し）とグラスノスチ（自由な言論）の象徴として、一躍世界的に話題になったアブラゼ監督の『懺悔』(1984、1987年カンヌ国際映画祭審査員特別大賞他)*64は、完成から2年後の1986年10月にジョージアで公開され、1987年1月にモスクワでも一般公開され、大きな反響を

＊64 ©Georgia-Film, 1984 ©RUSCICO, 2003

及ぼしました。『懺悔』は、ジョージアの架空の街を舞台に、独裁者と市民の日々、つまり粛清の時代を寓話的、象徴的な手法で描いた作品です。映画を観た人は誰もがかつてスターリンやベリヤが行った恐怖政治を思い起こしました。あの暗黒の時代を真正面から描いたソヴィエト映画は初めてであり、当時は世界的にセンセーショナルに報道されました。

　映画の内容は、ある地方都市で、多くの罪のない人々が、市長のヴァルラム・アラヴィゼによって粛清されました。ヴァルラムが亡くなった後、彼に両親を殺された女性ケテヴァンは、何度も墓から彼の遺骸を掘り起こし、捕えられた彼女は裁判でヴァルラムの罪を告発します。彼女の発言によってヴァルラムの孫トルニケは、祖父の真実の姿を知って苦悩の末に自殺し、ヴァルテムの息子アベルは自ら父の遺骸を掘り起こし、谷底に放り投げます。映画は、これまでの人類の過ちの歴史を俯瞰するように深く、今後同じ過ちを繰り返してはならないという願いがこめられ、モニュメンタルな存在感があります。主人公の姓、アラヴィゼは「誰でもない」という意味の「アラヴィン」というジョージア語から作られました。彼は恐怖政治を行ったすべての独裁者の集合的人物像なのです。

　アブラゼ監督は、教え子でもあった義理の娘ナナ・ジャネリゼとともにシナリオを書きました。シナリオは緻密なように見えますが、撮影中に生まれた即興的なプランも多かったようです。当時、『懺

ジョージア映画の発展　　101

*64 ©Georgia-Film, 1984 ©RUSCICO, 2003

悔』の助監督だったザザ・ハルヴァシ監督の話では、アブラゼ監督は当初は誰にも見せずにシナリオを書いていたのですが、ある日、製作スタッフのナナ・ジャネリゼ、美術のゴギ・ミケラゼや若きハルヴァシさんたちに声をかけ、彼らはそれから約1カ月半、毎朝10時に英雄広場に面したアブラゼ監督のアパートに集まって、絵コンテを作りました。撮影が始まる前には、机上でどういう映画になるか決まっていたのです。

その後、メンバーはハルヴァシさんの故郷でもある、西ジョージアのバトゥミに移動し、ここで屋外のシーンのすべてを撮影しました。なぜならばバトゥミには1930年代のスターリン時代の遺物がたくさんあり、それをそのまま活用することができたからです。アブラゼ監督は入念に作った絵コンテを用意していたわけですが、実際に撮影に入ると、絵コンテやシナリオはいったん脇に置いて、その場でまったく異なる即興的な演出、撮影をしてゆきました。この撮影方法がアブラゼ監督の大きな特徴です。

映画の最初のプランでは、ヴァルラムに復讐する人は男性でした。しかし映画を作ってゆく過程で、男性が墓を掘るというのは平凡な発想ですが、女性が必死になって墓を掘る方がより強い印象を生むので、変えたそうです。

映画音楽として、西側で知られるようになって間もないエストニアの亡命作曲家アルヴォ・ペルトの曲を、いち早く劇中に採用して

*65 ©Georgia-Film, 1984 ©RUSCICO, 2003

いることからも、アブラゼ監督の知性と感性の幅の広さがを感じとれます。ペルトの音楽は、広い材木置き場で、一人の母親がシベリアから運ばれた丸太から丸太へ、捕えられた息子の痕跡を探すシーンで使われます。そしてギヤという名前が刻まれた丸太を発見して涙します[*65]。ザザ・ハルヴァシ監督が語っています。

「私の祖父、つまり母の父親は1937年の大粛清のときに捕らえられました。その時、母は10歳で、家族には殺されたと聞かされていました。しかしシベリアから戻ってきた人から、父が生きていると教えられ、シベリアの囚人たちは材木に自分の名前を刻んでいて、その材木はバトゥミに集められるので、探せば父の消息もわかるはずだといわれました。それから母と祖母は1年間、毎日材木置き場で父の名前を探し続けました」。その話をアブラゼ監督に伝えたところ映画の重要なシーンとして生かされたそうです。

『懺悔』はソヴィエト社会主義共和国連邦という巨大な国家権力に真っ向から立ち向かった、体制にとってはありえない、過激なテーマでした。材木を探す母親を演じたのはアブラゼ夫人。そして粛清される画家サンドロの妻を演じたのが娘のケテヴァンです。アブラゼ監督の家族は、重罰になりうる映画を危険を顧みずに力を合わせて製作したのです。一家の生命を賭けた、勇気と情熱に深い感銘を受けます。

たしか1986年の早い時期でしたが、私も『懺悔』の噂は聞いてい

ジョージア映画の発展 103

て、当時、ジョージアについて「レッスン」を受けていたモスクワ大学の留学生ギオルギ・ピピヤさんたちをとおして海賊版のビデオを見ることができました。何度もコピーされたのでしょう、映像が荒れていましたが、いかにこの作品がセンセーショナルであるかは充分にうかがえました。そしてピピヤさんは1シーンごとに、そこにこめられた暗喩や寓意がジョージア的に特別であることを熱心に話してくれました。

　当時、ジョージア共和国党第1書記、党政治局員候補の要職にいたエドゥアルド・シェヴァルドナゼは、出来あがったばかりの脚本を読み、これまでになく鋭くソヴィエト史に立ち入った内容に驚いたそうです。しかし彼は公開できるか確信はないが、製作を続けるようにとアブラゼ監督を励まし、映画ではなく、検閲のないテレビドラマシリーズという枠で撮影するようにと助言しました。

　2017年に製作されたレゾ・ギギネイシュヴィリ監督の『人質たち』を観ました。1983年10月に、ジョージアで実際に起こった事件を描いた作品です。ソヴィエト連邦から脱出するためにジョージアの若者たちが、トビリシから西部の都市バトゥミへの航空機をハイジャックしたのです。この事件は日本でも報道されて、私も知っていました。その実際の主犯の一人が、その年に撮影が始まっていた『懺悔』でトルニケ役のゲガ・コバヒゼでした。結局、コバヒゼは逮捕されて処刑されます。映画で軍隊突入のサインをするのは、明らかにシェヴァルドナゼです。コバヒゼの起こした事件によって、『懺悔』の撮影は中止になり、続行できるかどうかわからなくなりました。

　ケテヴァン・アブラゼさんの話では、当時、シェヴァルドナゼと警察、そしてKGBは関係が悪化していました。シェヴァルドナゼがアブラゼ監督を支援しているのはわかっていたので、アブラゼ監

督もＫＧＢによく思われていませんでした。事件のために、スタッフも作品も疑われ、10月から翌1984年1月まで撮影は完全に中止されました。しかし1984年1月31日、アブラゼ監督の誕生日でしたが、朝早くにシェヴァルドナゼから「誕生日おめでとう」という電話がありました。当時、電話はすべて盗聴されていたので、直接ではありませんが、この言葉には「映画をぜひ完成させてくれ」という意味が含まれていました。そしてトルニケ役をメラブ・ニニゼに代えて撮影を再開したのです。

　映画『人質たち』には、『懺悔』の主役アフタンディル・マハラゼさんも犯人の父親役で出演していました。トビリシで映画を観た日の夜、ちょうどマハラゼさんにお会いしたので『人質』のことを話すと、この映画の出演依頼があったときに、自分はこの事件に深い関わりがあったので、どうしても出演しなければならないと思ったそうです。私は『懺悔』の製作の背景にも大きな歴史のドラマがあることを改めて実感し、ずしりと重いものを受け取りました。

　そして『懺悔』がおおよそ完成した頃、ＫＧＢによって反ソヴィエト的な映画と判断されました。アブラゼ監督は、作品が押収されることを恐れて、脚本のナナ・ジャネリゼの姉妹の夫ソソ・ツィスカリシュヴィリに頼んで、彼が働く会社で作品をビデオにコピーしました。以降、ＫＧＢはビデオが市井に出回って、大勢の人たちが当局に隠れて観ているという情報をキャッチし、実際にそのビデオも手に入れて、観た人たちを逮捕しました。ツィスカリシュヴィリも仕事を解雇され、逮捕されたそうです。ビデオ制作に関係した何者かがＫＧＢに通報したといわれています。その後、アブラゼ監督も逮捕されるものと覚悟し、自宅にあった外国の本などを急いで隠したそうです。そしてある日、とうとうＫＧＢにアブラゼ監督は呼び出されて、ＫＧＢ側が「お前はいったいどんな映画を作ったんだ。

ジョージア映画の発展　　105

＊66　ドビリシで児島康宏さん（左）と

ソヴィエト中がお前の映画の話をしている。映画は政府を批判しているそうじゃないか」というと、アブラゼ監督は「私のたった2時間ほどの映画が、ソヴィエト政府を崩壊させるとしたら、ソヴィエト政府はそもそも崩壊すべきものだったのでしょう」と答えたそうです。いかにも気骨あるアブラゼ監督らしい発言であり、彼の覚悟が伝わってきます。

　その後、ジョージアの映画人のつよい働きかけとともに、ソ連邦のゴルバチョフ書記長と外務大臣に就任したばかりのシェヴァルドナゼが中心になって、反対勢力を押し切り、1986年10月のジョージア公開、1987年1月のモスクワ公開を皮切りに全ソヴィエト公開までこぎつけました。

　「私たちは血なまぐさい方法で、長い間、善良さを根絶やしにしてきたことの報いを受けています。自分の過去を葬った者は、現実に近づくことも、未来を見ることもできないのです。最大の罪は恐怖なのです」と、全体主義と順応主義の過ちについてアブラゼ監督は語っています。この言葉は現代日本の私たちの心にも突き刺さってきます。

　2008年、日本での遅ればせの公開にあわせて、主演のアフタンディル・マハラゼさん*66が来日し、彼は「今公開されることはとても重要です。でも残念なことがあります。20年前に作られた作品を古く感じないということは、状況が変わってないということです」といっていました。ちなみにアブラゼ監督のマハラゼさんへの最初のオファーはヴァルラムの息子アベル役でしたが、脚本を読んでヴァル

ラム役の方をさせてほしいと頼むと、しばらく監督は考えて、ある日、二役とも演じてくれという答えが返ってきたそうです。彼は立派な体格、まさに怪優という印象ですが、酒はタンカーで一杯くらい、もう一生分飲んだから結構と、一滴も飲まず、いたずらに出した塩辛を美味しいとおかわりしていたことが忘れられません。

　私が『懺悔』について、最近心を揺さぶられたことがあります。有名なラストシーンで、ケテヴァンに「この道は教会に通じていますか？」という意味深い質問をする通行人の老女を、往年の大女優ヴェリコ・アンジャパリゼが演じていることです。彼女はサイレント時代からナト・ヴァチナゼとともに名女優として知られ、悲劇的な役を演じたら、この人が最高といわれています。冷徹なスターリン体制の下で生き延びたミヘイル・チアウレリ監督の夫人でした。この台詞には、時代に翻弄され、重い歴史を背負ってきたジョージアの映画人たちの無言の苦しみ、怒り、悲しみがこめられているように思いました。この台詞の後は、このように続きます。

　ケテヴァン「このヴァルラム通りは教会に通じてないわ」

　老女「教会に通じない道が、何の役に立つのですか」

　アブラゼ監督の娘ケテヴァンさんの話では、もともとこの台詞をいうのはアンジャパリゼの娘のソフィコ・チアウレリだったそうです。彼女は監督の前作『希望の樹』で気のふれた女性を演じています。アブラゼ監督がソフィコに老女を演じてもらいたいといったら、

ジョージア映画の発展　　107

「なぜ私が老け役をしなくてはならないの？　母にさせればいいじゃない」と答えたそうです。当時アンジャパリゼは87歳くらいの年齢でした。アブラゼ監督が「お母さんは、まだ演技ができるのか」と聞くと「大丈夫」という返事だったそうです。またザザ・ハルヴァシ監督によると、この有名になった台詞は創作ではなく、スターリン時代、家族を粛清された女性がトビリシを彷徨うように歩きまわり、彼女がうわ言のようにいっていた言葉であり、トビリシでは誰もが知っていた言葉でした。

　『懺悔』の公開当時、ソヴィエトはペレストロイカの時代であり、今から見れば連邦の解体へ向かう激動の時代でした。そのために映画は時代の象徴として、国際的にも大変な反響をもたらしました。しかし、もしかしたらこの作品の真の素晴らしさを問うには、当時の時事的な動きに振り回されたきらいがあり、アブラゼ監督には少し残念なことだったかもしれません。少なくとも20年をかけて渾身の思いで製作した三部作は、芸術作品として偉業であり、残念ながら三部作全体への正当な評価が、完結後30年経過してもまだきちんとなされていないと思います。

　その理由の一つは、『懺悔』が公開後まもなく上映できない状況に陥り、三部作をとおして鑑賞できなくなったことです。カンヌ国際映画祭で、西ヨーロッパでは初めて上映され、審査員特別大賞を受賞し、世界的に大きな話題になりましたが、当時、娯楽映画で羽振りがよかったアメリカのキャノン社が世界配給権を独占契約しました。そのために日本のアート系の映画館には手の届かない作品になったのです。そしてキャノンは公開しないままに倒産して『懺悔』は抵当になり、作品の権利の所在が不明になってしまいました。

　その後、ジョージアは1991年に独立を果たし、ソ連邦は解体しま

したが、ジョージアはあろうことか『懺悔』の悪夢の時代をふたた び迎え、内戦や紛争が続いて混乱し、荒廃してゆきました。アブラ ゼ監督は、当時のジョージアの惨状を見ながら、「私は自分の国に いるにもかかわらず、外国人になったような気持ちだ。この国が自 分の国とは思えない。すぐにも『懺悔』の続篇を作らねばならない」 と語っていたそうです。

　2008年に私はようやく日本のザジフィルムズにお願いして『懺悔』 を配給してもらいましたが、日本で公開するまでには長い歳月が必 要でした。世界各国では忘れ去られているかもしれません。1994年 に亡くなったアブラゼ監督はさぞ無念だったことでしょう。

　『祈り』においては宗教、『希望の樹』においては因習、『懺悔』 においては独裁が描かれていますが、これらに圧殺される「人の美 しい本性」として寛容、愛、自由などが示されています。

　『祈り』は、コーカサス人の客人への独特の考え方が、主人公の 運命を左右しますが、悲劇的な物語とは反対に、憎悪と報復の連鎖 や、対立と分断を断ち切る多様性、寛容性を示しています。『希望 の樹』は、変動する時代に人々が動揺するなか、貧困や因習のため に生じた悲劇を描き、それを見つめる少年や少女に未来を託します。 『懺悔』は、独裁者の権力への妄執とともに、人々の熱狂や欺瞞が 誤った体制を作り、自由な心をもつ人々を抹殺し、暗黒の時代が長 く続いたことを示しました。

　3作品は、人間社会の不条理もさることながら、社会的暴力を描 き、そのなかで人々が犯す過ちを描いています。それは人々の怠慢、 欺瞞、権力への固執と恐怖であり、それらを生む人間の心の暗部に まで到達しています。

　『祈り　三部作』は、いずれの作品も寓話的でジョージア的な暗 喩に富んでいます。ジョージア人でなければ理解できない表現も

ジョージア映画の発展　　109

多々あるようです。映画の舞台も、『祈り』はコーカサスの厳しい自然に囲まれた山村、『希望の樹』は東ジョージア、カヘティ地方の小さな農村、『懺悔』はジョージアの架空の町という、3作とも世界というより、ジョージアの片隅にある小さな地域を舞台にしています。しかしこの小さな地域の物語は人間社会に偏在していることです。集落や街で、人間性が潰されてゆく姿をとおして、三部作は、私たちに社会の在りよう、人の在りようを問い、混迷する今日の世界に強いメッセージを送っています。

　すなわち3作品には、辺境地域を意図的に舞台にすることで普遍を描くという逆説的表現が見られます。ケテヴァン・アブラゼさんによれば、アブラゼ監督は、映画がより民族的であるほど、より普遍なものになると信じていたそうです。かつて韓国のイム・グオンテク監督も「民族の心を深めるほど、世界に繋がってゆく」と語っていました。これほど深く重厚な三部作は、サタジット・レイ『大地のうた三部作』等と並ぶ映画史上の名作として、世界的にもっと認知されるべきです。

　白い装束の女性の受難が、3作品に共通して描かれています。というのは『祈り』の女神、『希望の樹』のラストシーンのマリタ、そして実は『懺悔』にもマリタが登場し、警察に捕えられるシーンが元はあったそうです。『祈り』のプシャヴェラの「人の美しい本性」を象徴する存在なのでしょう。ケテヴァン・アブラゼさんから『希望の樹』のラストシーンでマリタが泥にまみれて死ぬシーンで、その横たわった姿がジョージアの国の形になっていることにお気づきですか？　と訊かれました。確かめてみると本当にそのように見えました。また『祈り』に登場し、それから20年を隔てて『懺悔』にも現れる暗闇の「悪魔」の存在は強く心に残ります。アブラゼ監督が生涯をかけて向き合っていたのは、この存在だったのではないで

しょうか。『懺悔』主演のマハラゼさんは「3作には善と悪の闘い
が深く描かれています。残念なことですが、この闘いがなくなる日
は来ません。ですから太古の昔からずっと重要なテーマであり続け
るでしょう。3作は、いつの時代であれ繰り返し観る価値があるの
です」と語っていました。

　アブラゼ監督は『懺悔』を製作中に、この3作に一貫していたテー
マを改めて認識し、三部作と名づけたそうです。「3作品はたく
さんの考えによって互いに繋がっています。しかしその中心にある
のは倫理の問題です。私が最も重要なテーマの一つと考えているこ
とは“罪悪感のない罪悪”です」とアブラゼ監督は語っていました。
“罪悪感のない罪悪”とはハンナ・アーレントのいう“悪の凡庸さ”
に通じる考えだと思います。『懺悔』の主人公の名がアラヴィン
（誰でもない）を元にしているように、罪を犯したのは時代に呑み込
まれる私たちでもあるのです。そしてアブラゼ監督は自身の望む上
映の順番を、『希望の樹』、『懺悔』、そして『祈り』だといっていま
した。ちなみに彼の一番好きな作品は『祈り』だったそうです。

　娘のケテヴァンさんはこう語っています。「『祈り 三部作』は、暴
力に反対するという一つの主張で貫かれています。3作品はこのテー
マを異なる側面から異なる方法で描いていますが、“暴力が社会
の最良の部分を失わせる”というメッセージは変わりません。しか
しいつの時代でも暴力は人々を幸福にするという名目で行われます。
残念なことですが、この問題は現在もなくなっていません」

　アブラゼ監督とチヘイゼ監督の一世代後、1960年代に登場する若
い監督たちは、さらに民族的色彩を強めてゆきます。彼らはジョー
ジアの民族的伝統、そして詩的、寓意的、または象徴的表現を、さ
らに発展させようとします。

ジョージア映画の発展　　111

*68 父ニコロズ・シェンゲラヤ監督写真の前で黒澤明監督を中心にエルダル（左）、ギオルギ（右）のシェンゲラヤ兄弟。1981年3月、岩波ホールにて

エルダルとギオルギのシェンゲラヤ兄弟

　エルダル（1933～）とギオルギ（1937～）の両シェンゲラヤ監督は、巨匠ニコロズ・シェンゲラヤ監督と大女優ナト・ヴァチナゼの間に生まれた兄弟です。父は撮影中に心臓麻痺のために39歳で亡くなり、その後、母も航空機事故で亡くなりました。若くして孤児となった二人の息子は、両親の後を継いで映画の道を志します。

　兄エルダルはかつてこのように書いています。「父は真のジョージア人でした。自分の大地を、民族を、文化を愛していました。自分の時代の革命の日々を精一杯生きました」「父が亡くなったとき、私は9歳、弟のギオルギは5歳でした。私たちの母、ジョージア映画のスター、ナト・ヴァチナゼは、父と父の作品に対する愛のなかで私たちを育みました。私たちが父の仕事を選んだのは、おそらくそのためだったのでしょう。私たちは父が一身を捧げて愛した映画の仕事を続けていこうと努めました」（児島宏子訳）

　二人とも初期の作品から自身の確かな表現の世界を持っていることに驚きます。これは血筋なのでしょうか、いずれの作品も完成度が高く、個性的で、突出した天性の才能を感じさせます。

　兄エルダル・シェンゲラヤ監督の作品は、枠に捉われない、のび

＊69 ギオルギ・シェンゲラヤ監督を囲むセレモニーで。車椅子のギオルギ氏の後ろには（右から）エルダル氏、息子のギオルギ、ニクシャ、政治家のビジナ・イヴァニシュヴィリ氏、往年の名優たちの姿が見える（2016.5.11）

やかで自由な想像力が生んだ、上質なユーモアとアイロニーに満ちた風刺的な寓話が特徴です。語り口は、あたたかく誠実であり、人間への優しい視線が印象に残ります。実際のご本人も、落ち着いた物腰の柔和な紳士です。仲間に慕われるのか長く映画人同盟の会長を務め、体制の権力と闘い、ジョージア映画を発展させました。

　弟ギオルギ・シェンゲラヤ監督は私を40年前に『ピロスマニ』で、ジョージアの世界へ引きずり込んだ「犯人」、あるいは「恩人」ですが、彼の映画人生は、人気俳優として始まりました。監督第1作『アラヴェルドバ』は情熱的でロマンティックであり、彼の天衣無縫、天才的な気質をすでに感じさせます。そして一作一作、前作と異なる新境地を見出してゆきます。そして彼は典型的な「ジョージア男子」です。2016年5月、彼の映画界への功績を称えて、ルスタヴェリ通りに記念のプレートを埋めるセレモニー[＊69]がありました。偶然ジョージアを訪れていた私は、そのニュースを耳にして、大きな花束を手に駆けつけました。しかし同行してくれたタムナ・ドクヴァゼさんは、ジョージアの昔かたぎの男は花束を喜ばないと心配します。そして確かに彼は花束を渡しても目を向けないどころか、遠くへ放り投げ、しっかりと抱擁をかわした後、なぜすぐに家に訪ねて来ないと怒りだす始末。いつまでも若くエネルギッシュな発言をして、現在もジョージアで知的存在感を示しています。

ジョージア映画の発展　　113

*70

*71

　エルダル・シェンゲラヤ監督*70は、モスクワ国立映画大学でセルゲイ・ユトケーヴィチ監督に師事しました。長篇劇映画第1作『冷たい心の物語』(1958) と『雪のお伽話』(1959) は、メルヘンのような作品です。ジョージアの口承文学の主人公を、現代的な視点で描いているといわれ、後に展開してゆく彼の作品の持ち味がすでに現われています。

　『白いキャラバン』(1963) は、タマズ・メリアヴァ監督とともに製作しました。ジョージアの広大な自然のなかで、羊の群れを追う牧童たちの厳しい生活や思いをしみじみと描いて、内外から高く評価されました。

　『奇妙な展覧会*71』(1968) は、師匠から立派な大理石を託された彫刻家が、いつの日か大成して傑作を彫ることを願いながら、生活のために墓石の職人になります。しかし激しい時代の嵐のなかで、墓石造りという生業を抜け出すことができずに、その夢を弟子に託すという人生のほろ苦さを描いた優しい味わいの作品です。奇妙な展覧会とは、墓地で彫刻がほどこされた墓石が並ぶ様子を意味しています。

　『奇人たち*72』(1973) は、孤児となった青年が、ある封建的な村でマルガリータという女性をめぐる男たちの珍騒動に巻き込まれるなか、幽閉されていた天才発明家とともに、最後にはチキチキバンバンのような空飛ぶ機械を完成させて空の彼方へ飛んでゆくという物

*72

語です。エルダル監督は穏やかな人柄ですが、作品に込められたメッセージは実に辛辣です。『奇人たち』は女性をめぐる男たちのドタバタ、空飛ぶ機械が愛の力を燃料にするなど、全体はコメディーやファンタジーの作りです。しかし想像力がありすぎるために囚われた老発明家や、間の抜けた警察隊など、反ユートピア的全体主義を滑稽に描いていて、物語の背景にはソヴィエト体制への痛烈な批判が感じられます。この映画が製作された1970年代のソヴィエトのことを考えると、なんと大胆な反抗精神に溢れて、同時に大らかな世界が展開されているでしょうか。

エルダルが『奇人たち』について、当時このように語っています。

「ジョージアの最初の飛行士たちについて映画を作りたいと思ったことが製作の発端でした。いろいろと資料を集めてみると、驚いたことにジョージアの冒険者たちに対して、当局は冷たいだけでなく狂人扱いし、チフリス市長は飛行機が街の上を飛ぶ騒音がひどいという理由で禁止してしまいました。私はこのような事実から離れて想像をめぐらし、19世紀初めのジョージアの小さな町を舞台にしました。飛ぶ箱馬車が空に舞い上がるのは最後のシーンだけで、多くは地上の物語です。二人の主役の人物にとって、人生は自分の出世のためではなく、何か人のためになることをすることです」

やや煙に巻くような発言ですが、このようにしてソ連邦時代、映画はしたたかに作られ続けたのでしょう。この作品は彼の反骨精神

ジョージア映画の発展　　115

*73　　　　　　　　　　　　　　*74

の真骨頂であり、空飛ぶ機械は映画のことなのかもしれません。

　エルダル監督の物語は常軌を超えて面白く、荒唐無稽であるとともに気品があります。作品の洗練された完成度は類い稀で、誰も真似のできない芸術です。音楽に現代ジョージアを代表する作曲家ギヤ・カンチェリが参加していることも記憶しておくべきでしょう。

　そして1926年に作られたマルジャニシュヴィリ監督の『サマニシュヴィリの継母』を再映画化（1977）します。かつての脚本は父親のニコロズ・シェンゲラヤでした。田園で暮らす父と息子の物語です。貴族ですが今は貧しく年老いた父が、突然再婚を決意します。その思いを聞いて一人息子は困惑します。家族を養うために一所懸命働く彼にとって、父の遺産が少なくなることは大問題でした。しかし彼は父の相手を探すために馬に乗って旅に出ます。それは困難な旅となり、思いがけない結果となってゆきます。エルダル監督にとって初のカラー作品だと思いますが、緑がとても美しく、そのなかで繰り広げられる悲喜劇は心に染み入ります。

　そしてエルダル監督のとびきりの風刺精神は官僚社会の愚かさを痛烈に描く『青い山——本当らしくない本当の話』（1983、全ソヴィエト映画祭グランプリ）に結実してゆきます。私の会った多くのジョージア人は、この作品を一番の傑作にあげていました。

　『青い山——本当らしくない本当の話』は、一人の若い作家が自身の小説「青い山」を出版するために、その許可を得ようと役所を

郵 便 は が き

101-8791

504

料金受取人払郵便

神田局
承認

3850

差出有効期限
平成31年 3 月
20日まで

東京都千代田区
猿楽町2-5-9
青野ビル

㈱**未知谷** 行

|||||||||||||||||||||||||||||||||||||||||||||||||||||

がな		年齢	
名			
ail			男　女
所 〒	Tel. 　-　　-		
業	ご購読新聞・雑誌		

愛読者カード

　　　　ご購読ありがとうございます。誠にお手数とは存じますが、
　　　　アンケートにご協力下さい。貴方様の貴重なご意見ご感想を
　　　　賜わり、今後の出版活動の資料として活用させて頂きます。

●本書の書名

●お買い上げ書店名

●本書の刊行をどのようにしてお知りになりましたか？

　　書店で見て　　　広告を見て　　　書評を見て　　　知人の紹介　　　その他

●本書についてのご感想をお聞かせ下さい。

●ご希望の方には新刊書のご案内をさせて頂きます。　　　　　　要　　　　不要

通信欄（ご注文も承ります）

刊行案内

No. 59

(本案内の価格表示は全て本体価格です。
ご検討の際には税を加えてお考え下さい)

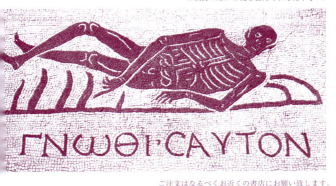

ご注文はなるべくお近くの書店にお願い致します。
小社への直接ご注文の場合は、著者名・書名・冊
数および住所・氏名・電話番号をご明記の上、本
体価格に税を加えてお送りください。
郵便振替　00130-4-653627　です。
(電話での宅配も承ります)
(年齢枠を超えて柔軟な感受性に訴える
「８歳から８０歳までの子どものための」
読み物にはタイトルに＊を添えました。ご検討の
際に、お役立てください)
ISBNコードは13桁に対応しております。
　　　　　　　　　　　　　　　総合図書目録呈

未知谷
Publisher Michitani

〒 101-0064　東京都千代田区神田猿楽町 2-5-9
Tel. 03-5281-3751　Fax. 03-5281-3752
http://www.michitani.com

長篇小説の愉しみ

☆20世紀前半 ポーランド ワルシャワ　　　　　　　＊第60回日本翻訳出版文化賞受賞

モスカット一族
アイザック・バシェヴィス・シンガー著
大崎ふみ子訳

NYのイディッシュ語新聞に三年連載。作者曰く、「一つの時代を再現することが目的だった」……分割支配下ポーランドのワルシャワで伝統的ユダヤ文化圏を四世代百余人を登場させてその各々に焦点を当て社会を十全に語る。近代化によって崩壊していく、二千年に及ぶ歴史を持つユダヤ民と人々の生活、そこに始まった第二次世界大戦、その日々を赤裸々に描いた傑作長篇。

872頁 6000円
978-4-89642-717-2

☆19世紀 ポーランド ワルシャワ　　　　　　　　＊第69回読売文学賞、第4回日本翻訳大賞受賞

人形　ポーランド文学古典叢書第7巻
ボレスワフ・プルス著
関口時正訳

19世紀ワルシャワ、商人ヴォクルスキの、斜陽貴族の娘イザベラ嬢への恋心を中心に話は進む…とはいえ、著者はジャーナリストとしても知られ、作品にはワルシャワの都市改造、衛生や貧困などの社会問題、ユダヤ人のこと、伝統と近代化、男女平等、宗教論、科学論、文明論、比較文化論といったさまざまな議論が、そして多種な登場人物が繰り広げるパノラマに目も眩むばかり。日本語訳で25ヶ国目、ポーランドでは国民的文学でもある。世界の名作『人形』がついに日本へ。

1248頁 6000円
978-4-89642-707-3

☆20世紀前半 ロシア

ドクトル・ジヴァゴ
ボリース・パステルナーク著
工藤正廣訳

《これで神から遺言された義務を果たし得たのです》
1905年の鉄道ス、1917年二月革命に始まる労働者蜂起、ボリシェヴィキ政権、スターリン独裁、大粛清――激動のロシア革命期を知識人として奇蹟的に生き抜き、ジヴァゴとラーラのロマンスにロシア大地と人々各々の生活を描き切った問題作。何度でも読みたくなる傑作スペクタクル！

A5判 752頁 8000円
978-4-89642-403-4

ポーランド文学古典叢書

最新第12巻　ジェロムスキ短篇集
ステファン・ジェロムスキ著／小原雅俊 監訳

深い同情を寄せることができる天与の資質、広い心、作品における劇的な筋立てで「ポーランド文学の良心」と呼ばれた人気作家を本格的に紹介。

280頁 3000円
978-4-89642-740-

第1巻	晩歌　ヤン・コハノフスキ著／関口時正 訳	96頁 1600
第2巻	ソネット集　アダム・ミツキェーヴィチ著／久山宏一 訳	160頁 2000
第3巻	バラードとロマンス　A.ミツキェーヴィチ著／関口時正 訳	256頁 2500
第4巻	コンラット・ヴァレンロット　A.ミツキェーヴィチ著／久山宏一 訳	240頁 2500
第5巻	ディブック　ブルグント公女イヴォナ　S・アン＝スキ、W.ゴンブローヴィチ著／西成彦 編／赤尾光春、関口時正 訳	288頁 3000
第6巻	ヴィトカツィの戯曲四篇　S.I.ヴィトキェーヴィチ著／関口時正 訳	280頁 3000
第7巻	人形　上記「長篇小説の愉しみ」参照	
第8巻	祖霊祭　ヴィリニュス篇　A.ミツキェーヴィチ著／関口時正 訳	240頁 3000
第9巻	ミコワイ・レイ氏の鏡と動物園　関口時正 編・訳・著	176頁 2000
第10巻	歌とフラシュキ　ヤン・コハノフスキ著／関口時正 訳	272頁 3000
第11巻	婚礼　スタニスワフ・ヴィスピャンスキ著／津田晃岐 訳	208頁 2500

ヘルベルト詩集
ズビグニェフ・ヘルベルト著／関口時正 訳

1924-98 現代ポーランドを代表する詩人。当時ポーランド領のリヴィウに生まれ、ソ連、ドイツの侵攻により20歳でクラクフへ。人間の罪に対する全面的抗議と人間への信頼を結晶させた、厳しくも簡潔な表現は出色。本邦独自編集。

304頁 3000
978-4-89642-73-

たずねますが、職員たちは愛想がいいだけで、彼は関係部署をたらい回しにされます。職員は落ちてきそうな額絵のこととか、子育てや料理、フランス語の練習やチェス、縫い物などに、それぞれ夢中で仕事をしていません。秋が過ぎ、冬が過ぎて春になりますが進展はなく、作家は次第に落胆し、一方で役所は混乱を深めてゆき、夏になって出版がようやく検討されようとしたときに、役所の建物が崩れ落ちてしまいます。この作品は官僚主義の実態を面白おかしく描いて、彼らを痛烈に批判し、8年後のソ連邦解体を予見しています。それにしても、この過激な風刺映画が、ペレストロイカ前のソヴィエトで最高賞を受賞したことは驚きです。審査員たちが映画のようにいい加減な仕事をしていたのか、それとも時代が大きく変わろうとする兆しだったのでしょうか。

　ギオルギ・シェンゲラヤ監督は、溢れんばかりの才能の持ち主です。モスクワ国立映画大学でアレクサンドル・ドヴジェンコ監督に師事し、在学中に、まず俳優として、レヴァズ・チヘイゼ監督『わが団地』(1956)、イリア・チャフチャヴァゼ原作、ミヘイル・チアウレリ監督『オタルの未亡人』(1957)などに出演して注目されました。監督長篇第1作の『アラヴェルドバ』[*75](1962)は、東ジョージアのカヘティ地方にある11世紀に建立されたアラヴェルディ聖堂と現代人の関係を描いた鮮烈な映像詩ともいえる作品です。

ジョージア映画の発展　　117

*76

　若いジャーナリストは毎年秋にアラヴェルディ聖堂で行われる由緒ある祭の取材に向かいます。そこで彼は人々が酒を飲んで騒ぐばかりで、祭の本来の意味を忘れていることを知り、彼らに祭の精神を喚起させなければならないと考え、行動を起こします。この作品がギオルギの僅か25歳の作であることに驚きます。主人公の民族意識の高まりと自問が印象深く、『ピロスマニ』へと結実してゆく、民族的志向へのプロローグのように思われます。モノクロームでスピード感ある印象的な撮影は、後に思索的な作風が高く評価される監督アレクサンドレ・レフヴィアシュヴィリが担当しています。

　『マツィ・フヴィティア*76』(1966) は長篇3作目にあたります。18世紀の戦乱の時代を舞台に、実在の民族的英雄を描いたロマンティシズム溢れる大作です。シネマスコープのスケールをフルに活用した、モノクローム映像のダイナミズムと登場人物の美しさに息を呑みます。特に夜の群衆シーンは印象的で夜の闇から浮かび上がる女王の表情は、夢を見ているように神秘的で美しく、忘れがたく、後の『ピロスマニ』の魔法のような映像に通じるものを感じました。女王はマツィ・フヴィティアの馬に乗る姿に魅了され、自身の騎士になるように命じますが、フヴィティアは断り、女王の奴隷だった愛するエカを解放し、二人で逃走します。しかし彼らは女王が放った追手によって山中で殺害されるという悲劇です。

　つづく『ピロスマニ*77』(1969、シカゴ国際映画祭ゴールデン・ヒューゴ賞他、後に『放浪の画家ピロスマニ』に改題) は、ジョージアの国民的画家ニコ・ピロスマニの人生を清冽に描いて、ギオルギ・シェンゲ

*77

ラヤ監督の名前を世界に知らしめました。ピロスマニはジョージアの人々にもっとも愛される画家といっていいと思いますが、パラジャーノフ監督が短篇を作ったほかは、誰も作っていないことは不思議です。それだけこの作品の存在感が大きいということでしょうか。

　この映画については別稿（附録1参照）を添えたので省きますが、1978年に日本公開された『ピロスマニ』は、ジョージア民族の心を日本人に大いに印象づけ、日本でジョージアへの関心を高めるために大きく寄与したことは間違いありません。2015年の秋に岩波ホールで再上映しましたが、そのときには美智子皇后がおしのびでお越しになりました。1977年に「素朴な画家たち」展でピロスマニの絵をご覧になって以来、彼の絵を忘れられず、映画を楽しみにしていましたとのお言葉でした。

　『泥の河』（1981）でデビューしたばかりの小栗康平監督を誘って、深夜の岩波ホールで『ピロスマニ』の試写をしたときに、終映後、彼が席を立てずにしばらくうずくまっていたことを忘れられません。

　「……一人の画家が、グルジアという風土を一身に浴び、樹木のように民族に根ざして生きていた、そういう大きな許し方が人物に対してあり、そこが無防備なまでにまっすぐで、正面なのである」

　「……それはただ悲しいのではない。一人の人間の背後、周囲、それは歴史といってもいい、民族といってもいい。そういう大きなものに連なっていく表情なのである。その時代にかくれている感情

＊78

が現われてきて、ふだん見ることの出来ない大きな感情が見えてきて、その現われようにこそ作家の表現があるのである」(『哀切と痛切』)

　『ヴェラ地区のメロディー[*78]』(1973、サンセバスチャン国際映画祭特別賞)は、ミュージカル映画の傑作です。トビリシの歴史ある地区を舞台に、庶民の喜びと悲しみを歌と踊りで描きます。貧しい馬車乗りのパヴレには二人の娘がいて、彼女たちはバレエ学校にゆくことが夢です。洗濯女のヴァルドは二人の夢を叶えてあげようと金持ちの家からミンクのコートや家畜を盗んで授業料にあてます。そしてヴァルドは警察に捕まりますが、洗濯女の仲間たちがストライキを起こし、彼女を解放させるというヒューマンコメディーを華やかなミュージカル仕立てにしています。当時ギオルギ・シェンゲラヤ監督の妻でもあった名女優ソフィコ・チアウレリを主演に、ハリウッドも顔負けの楽しさに溢れる作品は高く評価されています。

　『若き作曲家の旅[*79]』(1984、ベルリン国際映画祭監督賞)は、1907年、第１次のロシア革命(1905)が挫折した後の反動の時代を背景にしています。若い音楽家が民謡収集のため最新の録音機を抱えてカヘティ地方を旅し、さまざまな陰謀に巻き込まれてゆきます。この頃はドイツ・グラムフォンがジョージアに進出した時代であり、この当時録音されたグルジア民謡のＣＤ化されたものを私ももっています。さまざまな政治的陰謀が渦巻き混沌とする社会で、何が起こっ

＊79

ているのかわからない音楽家が遭遇する事件をとおして、時代の大きな変化のなかで、理想を夢見ながら散っていった人々への鎮魂の思いが表わされます。主演のレヴァン・パアタシュヴィリはジョージア独立後のアブハジア紛争に参加し、28歳で亡くなりました。映画の舞台から100年を経ても何も変わらない現代の状況に、人間の性(さが)を感じます。

『ハレバとゴギア（邦題『ハレバとゴーギ』）』（1987）はロシア革命期の実在の民族的英雄を描いた物語です。豪傑で勇敢なハレバとゴギアは、ロシア帝政に対抗し、権力者や警察などにゲリラ的な攻撃を仕掛けて貧しい民衆の支持を得てゆきますが、最期には敵の罠にはまって銃撃の集中砲火を浴びて死にます。ラストシーンは『俺たちに明日はない』を思い起こさせ、当時のジョージアとソヴィエトの関係が重なります。ゴギアを演じたのはレヴァン・テディアシュヴィリです。彼はミュンヘンオリンピックのレスリングの金メダリストで、日本に来日し、お会いしたことがありますが、彼はまさにゴギアのように豪快な人物でした。会社に頼んで歓迎会をひらいてもらい、その店で高野悦子を軽々と抱き上げたことや、翌日、吉祥寺の喫茶店で、大きな容器にいっぱい詰められたキャビアを土産に渡され、周囲の人たちもびっくりしていたことが今でも忘れられません。

ジョージア映画の発展　　121

 *80

オタール・イオセリアーニ監督

　オタール・イオセリアーニ監督[*80]の作品は、世界中の映画ファンから愛されています。穏やかなテンポで、詩と散文が入り混じったような作風が特徴で、思索的、哲学的な不思議な味わいです。それは作品に描かれた日常が、徹底して練られて作られたものだからです。イオセリアーニ監督はいわゆる「ノンシャラン」といわれる衣に隠れて、初期の頃からずっと世界を前に苦悩しているように私には思えます。そして彼の作品を観ていて、まず気がつくことは、私の場合、生活音、自然音、音楽など音への繊細なこだわりです。

　初期の『四月』(1962) は、おとぎ話のような作りですが、彼の才気煥発を感じさせる作品です。ものがなくても幸福だった新婚夫婦の、家具や電化製品などの商品を買うことに熱中してゆく生活の変化を描いて、物質文明を批判しています。2人はかつての暮らしに立ち帰りますが、美しかった大樹が切り株だけになったラストシーンは痛烈です。作品には、後半の夫婦喧嘩以外には一切台詞はありません。冒頭から、古い街並みを幾何学的にとらえた映像、メルヘンのように男たちが楽器で奏でるプロローグの楽しさ。そして青年の激しい動き、ここでは靴の音に心を奪われます。音に注意しながら作品を観ていると、イオセリアーニ監督の基本は音楽、それもいくつもの音を束ねるポリフォニーなのではないかと思えてきて、

*81 *82

映像さえも音符か音楽記号に見えてきます。

　このようにイオセリアーニ監督の作品を、音や音楽、映像の編集、俳優の静と動の対比など、映画全体をポリフォニーとして観ると、眼だけではなく、耳でも大いに楽しめます。短篇『ジョージアの古い歌』（1969）や、『歌うつぐみがおりました』（1970）に、その特徴がよく現れていました。『ジョージアの古い歌』は、題名のとおり、ジョージアのポリフォニーの合唱風景の合間に、田舎の人たちの厳しい労働や風物が点描されて、音楽と生活音、そして暮らしの映像が、きめ細かい見事なハーモニーを生んでいます。

　イオセリアーニ監督の長篇第1作『落葉』(1966、ジョルジュ・サドゥール賞)は、ワイン工場で働く青年が、品質より生産量を重んじる工場に抵抗する姿を、日常的でのどかなテンポで描いた名作です。映画の冒頭と最後に映る古い教会は、古都ムツヘタにある6世紀のジュヴァリ聖堂。紀元前から5世紀頃まで、東ジョージアの首都だったムツヘタを見下ろす山の頂上にあり、ジョージアにキリスト教をもたらした聖ニノが十字架（ジョージア語でジュヴァリ）を建てた場所といわれ、人々の信仰の拠りどころの一つです。映画を、この聖堂から始めて、昔からのワイン作りの道具や宴会風景を映したことからは、近代化、経済偏重、合理化に抗して、民族の伝統を守るというつよい抵抗の思いが感じられます。『落葉』のラストシーンで聖堂の鐘が鳴りますが、きっとこの鐘の音は、ジョージアの

ジョージア映画の発展　　123

*83　　　　　　　　　　　　　　*84

人たちがこの音をいつまでも忘れないようにと、イオセリアーニ監督が祈りをこめて鳴らしているのです。

　ギオルギ・シェンゲラヤ監督の『アラヴェルドバ』のアラヴェルディ聖堂、イオセリアーニ監督のジュヴァリ聖堂、いずれもジョージアの人々にとって信仰の礎となる教会が、映画の象徴的役割を担っていることが、この世代の作家らしいです。この2作品は、それからのジョージア映画の新しい展開を象徴しているともいえます。

　『落葉』の日本公開時（1982）、イオセリアーニ監督からこのようなメッセージを送られました。「私の映画は、死にゆく文化という船から、大海へ投げられたビンに入れた手紙です。岸辺で拾った人が、人生をよく生きた人で、その人の文化も危機に瀕しているならば、私の手紙によってもう一人ではないと思うでしょう」

　この言葉は、高野悦子がパリの日本料理店の老舗「たから」で、イオセリアーニ監督に日本酒を一升飲ませて、ようやくもらってきたものです。「当時のフランスの値段だから、とても高くついたけれど、さすが詩人ね」といつも懐かしそうに話していました。

　『歌うつぐみがおりました』[83]（1970）は、「よく生きることがなによりも大切」とイオセリアーニ監督が繰り返し語っている人生哲学が表れていて、限られた生を一所懸命歌い続けることの大切さを語っていますが、同時に人生のはかなさも考えさせられます。主人公はオーケストラのティンパニ奏者の青年。ティンパニの出番は限ら

*84

れているので、彼は時間をおしむように、演奏中も舞台からこっそり抜け出し、アヴァンチュールなど、生きる歓びに熱中する毎日を送っています。あたかも春の光のなかで歌う小鳥のように。そしてラストには交通事故にあって、あえなく死んでしまいます。死は、この映画のとおり偶然のように訪れます。ですから「よく生きることがなによりも大切」なのです。時計職人の描写が大きな意味をもち、限りある人生の意味を語ります。この映画はあたかも詩なのですが同時に人間を観察した冷徹な哲学、にもかかわらず人間への愛情に満ちています。まさにイオセリアーニ監督の世界です。

『田園詩[*84]』（1975、ベルリン国際映画祭国際批評家連盟賞他）は、それまでのイオセリアーニ監督の作品を考えれば自然な流れですが、映画史的には大変意欲的な試みをして見事に成功しています。クラシックの演奏家五人が、都会から田舎へやってきて休暇を過ごします。都会の彼らと田舎の農民たちの交流、何か起こるわけではありませんが、両者の違和感のなかに、妙なるドラマが生まれてゆきます。私は最初にこの作品を観たときに、このドキュメンタリーともフィクションともつかない、特にドラマがあるわけでもない映画をどうとらえるべきか大いに戸惑いました。でも再度見たら、この映画の面白さに夢中になってしまいました。この経験からもっと積極的に映画の多様な可能性と向きあわなければいけないと反省しました。

　都会の静けさに対比するように田舎にはさまざまな音が溢れてい

ジョージア映画の発展

ます。鶏や豚、牛の鳴き声、雨音、トラクターのエンジン音、とく
に村人たちの喧嘩や議論など、実にやかましいくらいに賑やかです。
楽団はその生活音のなかでリハーサルをするので、クラシック音楽
が流れても、ふつうの映画だったら、田園を抒情的に映す効果とな
るのに、この映画の場合は、どちらが雑音かわからなくなってしま
うのです。映画全体では、村の実力者を迎える宴会が、盛り上がり
の一つになっていますが、その準備をする様子を丁寧に描き、イオ
セリアーニ監督の伝統への愛情を感じます。このシーンで面白かっ
たのは、宴会の裏にいる人たちのありのままの姿がなんとも微笑ま
しくていいのです。村人の客人を歓待するときの気前のよさ、その
思いが過度になったために生じるすれ違い、例えば大切にしていた
ワインを自分に断りなく客に出したと怒る男、そのことに対して怒
るジョージア人としてのプライドなど、それらは日本人にも共感で
きる可笑しさであり、そんな普通のことを新鮮なドラマにしてしま
うイオセリアーニ監督の目論みがまた面白いです。

　走る列車にのる都会人と、踏み切りで列車の通過を眺める農民た
ちのコントラスト、都会と田舎を結びつける唯一の要素である村娘
の憧れ。たくさんのドラマが、映画にはさりげなく置かれています。
いろいろな倍音が現われては衝突し、響き合う映画のポリフォニー
的世界に包まれて、『田園詩』には、あたかも農家の陽だまりで、
村人たちの暮らしをのんびりと眺めているような心地よさがあり、
私の場合は、何回観ても、この作品はいつも心を大らかにしてくれ
るのです。

　共同脚本はレヴァズ・イナニシュヴィリです。彼はアブラゼ監督
『希望の樹』や、後に記すダヴィト・ジャネリゼ監督『デドゥナ』
も担当しています。『デドゥナ』もドキュメンタリーと見紛うよう
な作りであり、脚本が彼であることがわかって納得しました。おそ

© Pastorale Productions- Studio 99

らくこの人も相当に個性的な作家なのでしょう。『田園詩』はイオセリアーニ監督だけの世界ではなく、イナニシュヴィリの影響も大きいと思います。いずれの作品もソ連邦では公開が見送られました。なんとも緩やかに物語は描かれていますが、表現スタイルや、時代と社会にたいして否という反骨の精神が背景にあるからなのでしょう。イオセリアーニ監督は検閲を逃れて、1979年よりフランスに移ります。

エルダル・シェンゲラヤ監督によれば、ソヴィエト社会で映画を製作するためには、わざわざモスクワまで行って、ゴスキノ（ソ連邦国家映画委員会）にお百度を踏まなければなりませんでした。さまざまな関係部署で検閲され、シナリオを何十回と書き直させられて、ようやく撮影に入ることができました。そして撮影中も、完成してからも検閲が続きます。そのなかで集団的な無責任さが生まれ、最初の創造性は奪われていったといわれています。

イオセリアーニ監督は1979年にソヴィエトから離れてフランスへ渡り、検閲を逃れようとしましたが、フランスでは金が大手をふる商業主義との戦いが待ち受けていました。その苦悶の日々は、後年の『汽車はふたたび故郷へ（原題『除外された人』）』[85]（2010）で描かれています（附録2参照）。しかしそのような状況でも、彼は『月曜日に乾杯！』（2002）、『ここに幸あり』（2006）等、数々の傑作を製作してゆきます。彼はフランスにおいても、つねに人間と時代を批評

*86
© 2010 Pierre Grise Productions

し、ユーモアやアイロニー、ペーソスなどをポリフォニーのように統合させて、この上なく純粋で愛情のこもった世界を観る者に提示しています。しかし彼のフランスでの作品からは、しばしば異邦人としての孤独や、ジョージアへの郷愁をつよく感じます。

ジョージアはイオセリアーニ監督が去ってから1991年に独立し、ソ連邦も解体しましたが、あろうことか内戦や紛争が続き、どん底の時代を迎えることになります。検閲はなくなりましたが、映画人は生き延びるだけで精一杯で、映画製作はほとんど途絶えてしまいました。しかしイオセリアーニ監督の『皆さま、ごきげんよう（原題『冬の歌』）』(2015) には、ジョージア映画の精髄が見事に生きていました。あえていうならば彼はパリにいたので、故郷を荒らした時代の嵐の影響を直接受けずに済み、いわば生けるタイムカプセルとなって、ジョージア映画の精神を保つことができたと思うことがあります。

『皆さま、ごきげんよう』[*86] (2015) には、これまでのようにジョージア的な表現が散りばめてあります。冒頭から2008年のジョージア・ロシアの戦争と思われるシーンで始まり、略奪、強姦という戦争の極限的な状況がカリカチュア化されて描かれます。そしてこれまでのように多くの人物やエピソードが小気味よく交錯し、随所にイオセリアーニ監督の時代や社会への鋭い批評がユーモラスに散りばめられています。ラストでは悪玉の警察署長がマンホールに突き

*87

落とされ、汚水とともに放り出された世界は、美しい湖がある田園です。そこで流れる清らかな音楽はカヘティ地方の民謡「ツィンツカロ（泉のまえで）」でした。彼の罪は浄化されたのです。2016年秋、この映画のキャンペーンのために、80歳を超えたイオセリアーニ監督は来日しました。このシーンの意味について聞いてみると、彼は「警察署長を憎みきれなかったから」といっていました。

　来日中、イオセリアーニ監督は、朝からコニャックを飲みながら、次々と変わるインタビュアーを相手に、ずっと自らの哲学を語りつづけます。そして夕方には1本空けて、その日の「講義」は終了するのです。ときどきショタ・ルスタヴェリの叙事詩『豹皮の騎士』の一節や、ヴァジャ・プシャヴェラの『鷲』を暗唱しながら。私は数年前にイオセリアーニ監督がつぶやくように語った「近頃、自分がピロスマニに似てきたように思う」という言葉が忘れられません。

セルゲイ・パラジャーノフ監督

　セルゲイ・パラジャーノフ監督[*87]（1924～90）は、ジョージアのトビリシに生まれたアルメニア人です。アブラゼ監督たちと同じ世代にあたります。彼らと同じくモスクワ映画大学で、アレクサンドル・ドヴジェンコ監督やミハイル・ロンム監督に学び、その後、ウクライナで製作した『火の馬』(1964)をはじめ、唯一無二の目眩く視覚的イメージを追求した特異な作風で知られています。しかし

ジョージア映画の発展　　129

*88

　ソヴィエト体制のなかで、当局に執拗にマークされ、厳しい検閲によって、繰り返し作品の変更を迫られ、また身に覚えのない罪を着せられて三度も投獄されるなど、表現者として多くの苦難を経験し、数奇な運命を辿ることになりました。パラジャーノフ監督は「他の人たちがオックスフォード大学を出るように、私は監獄を出た」といっています。今や国際的に知られる伝説的な映画監督ですが、1978年のソヴィエトの監督図鑑には名前すら掲載されていません。彼が不遇であったことがうかがえます。

　パラジャーノフ監督は「創造の活火山」ともいうべき豊かな才能の持ち主でした。いつも休むことなくマグマを噴出するように表現し続けていたのです。当局の妨げによって映画が撮れない期間は、彼の絵巻物のような映画と同様に、超現実的で絢爛豪華、官能的な装飾感覚の800点を越える美術作品となって表れました。いずれも斬新な感覚の作品で素晴らしく、絵が先か、映画が先か、パラジャーノフ監督は自身の豊かな才能に正直なだけでしたが、当局にとっては、彼のすべてが過激で異常、極めて挑戦的であり、徹底して厳しく弾圧したのです。

　パラジャーノフ夫人のシチェルバチュクさんは「彼には平凡な日常など存在しませんでした。彼は日常生活を永遠の祝祭に変える使命をもって生まれてきたのです」と語っていました。

　パラジャーノフ監督は、無実の罪で1973年12月に監獄に入れられ、

*89

4年間を服役して、1977年末にようやく釈放されました。詩人マヤコフスキーと交流が深く、ジョージアの芸術に理解が深かったリーリャ・ユリエヴナが妹エリザ・トリオレをとおして、1977年に、彼女の夫、フランスの詩人ルイ・アラゴンがブレジネフ書記長から勲章を授章した際に、釈放を願い出たことが幸いしたといわれています。

　手元に1枚の写真があります*88。左からギオルギ・シャンゲラヤ監督、イオセリアーニ監督、パラジャーノフ監督が写っています。たしかシャンゲラヤ監督が日本に滞在したときに、岩波ホールに置いていったものです。1980年頃、シェンゲラヤ兄弟からパラジャーノフ監督に支援をしていることはきいていました。この写真は釈放された1970年代末の写真だと思いますが、ジョージアの映画人が彼を支援し、復帰させて映画を作らせようとしたことをうかがわせる写真だと思います。大いに酒を飲んだ後なのでしょう。この写真から彼らの親密さが伝わってきます。

　汎コーカサス的感性のもち主であるパラジャーノフ監督とジョージア映画の関わりにおいて、まず挙げられるのが、彼の代表作『ざくろの色』*89（1969）でしょう。この作品はアルメニアの映画ですが、主人公のサヤト・ノヴァと彼の恋人など、何役も演じているジョージアの大女優ソフィコ・チアウレリの存在なくしてはありえないからです。18世紀アルメニアの有名な詩人サヤト・ノヴァの生涯を夢

ジョージア映画の発展　　131

*90

幻的に描いた目眩く映像の作品です。元の題名は『サヤト・ノヴァ』でしたが、当局が内容にクレームをつけて、題名も変えさせられて、多くのシーンがカットされました。

サヤト・ノヴァもトビリシ生まれで、パラジャーノフ監督が住んでいた家の近く、旧市街のアルメニア教会に墓があります。*90 パラジャーノフ監督は、同じ街に生まれた彼に自身を重ねたのでしょうか。映画は八つの章に分かれ、言葉はごく僅かです。万華鏡のように展開する鮮烈なイメージ、聖像画のように人物の動きを追った映像と、この地方の音楽によって進行します。特異な感性と才能のなせる作品です。

『スラム砦の伝説（原題『スラミ砦の伝説』）』*91（1984、ブザンソン国際映画祭審査員賞）は、パラジャーノフ監督が十数年の沈黙を余儀なくされ、ジョージアフィルムの援助でようやく映画を作れるようになった最初の作品です。彼は久しぶりの現場で腕がなまっていると謙遜していたようですが、人並みはずれた彼の個性と才能が十二分に発揮された傑作です。スラミはジョージア中部にある小さな町です。この物語のもとになった民話はジョージアではとても有名であり、物語も何種類かあるようですが、19世紀の作家ダニエル・チョンカゼが書いた小説が一番有名のようです。私は少し異なる次のような民話を聞いたことがあります。

中世のスラミの町は敵国の攻撃を受けて、何度も廃墟となりまし

*91

た。しかし町は多くの犠牲を出しましたが、その度によみがえってきました。ある日、町に、かつては戦士と思われる老人が現れ、彼の言葉に従って村人たちは要塞を作り始めますが、ある壁が何度築いても崩れてしまいます。老人はこの壁には人柱が必要であり、人柱となる勇気ある一人息子と、その息子を差し出せる母親が必要だから、そのような人たちを探しなさいと命じました。そしてズラブという若者が選ばれました。人柱の作業が始まると、老人は母親と息子に本心を確かめました。すると母親は「私の息子には祖国という母がいます」といい、息子は「私は戦士として祖国の人たちを守ることを夢見ていました」と誇らしく答えました。老人は作業を止めさせて「村人たちよ、よく聞け。このような親子がいるのだから、もう敵国を恐れることはない。壁が10度崩れれば11度作ればよいではないか」といいました。その後、ズラブも村人と一緒になって働き、2度と崩れることのない強固な壁を築きました。

　いかにもジョージアらしい民話ではないでしょうか。このスラミ要塞の民話は、1922年、ジョージア初の長篇劇映画『クリスティネ』の後、ソヴィエト政権が樹立した直後にも、ペレスティアニ監督によって映画化されています。私の知っている民話とは異なるチョンカゼの小説を元にしています。

　この作品は、ある男の数奇な人生をとおして、彼の息子がスラミ要塞の人柱になるまでのことを、大河的、ドラマティックな大作に

ジョージア映画の発展　　133

*92

仕上げています。人柱を提言する女占い師の過去と私恨、母親の慟哭など、それぞれの波乱万丈の人生が丁寧に描かれて、人柱のエピソードは悲劇的、無知蒙昧な唾棄すべき愚かな考えとして表現されていました。

　パラジャーノフ監督もチョンカゼの小説を元にしていて、大筋では変わりませんが、冒頭に「祖国に命を捧げたジョージアの戦士たちに捧げる」と記しているように、クライマックスの人柱になることについて、祖国へ自らの命を捧げる勇気ある行為として称えています。啓蒙的な内容のペレスティアニ版との違いには、パラジャーノフ監督とジョージア映画人のソヴィエト体制に対する反感も反映しているのでしょう。この作品も『ざくろの色』のように、独立した15の章で構成されています。

　その翌年に作られた『ピロスマニのアラベスク』(1985)は題名どおり、画家ピロスマニの世界をパラジャーノフ監督の独特な映像イメージで構成した20分の短篇です。ギオルギ・シェンゲラヤ監督の作品とは趣がまったく異なり、天才画家の独自の世界を、天才映画監督がどのように自由に描くかということに興味が尽きます。パラジャーノフ監督の映像とピロスマニの絵画は、モチーフの正面性、シンメトリーの構図、平面性においてイコンに通じる共通点がありますが、この映画では、パラジャーノフ監督はいつもの手法をあえて避けているようです。そして作品の汎コーカサス的な、宝石をち

*93　　　　　　　　　　　　　　　*94

りばめたような美術的センスは、ピロスマニの世界から離れて、パラジャーノフ監督独自のものです。ピロスマニに託して、長い沈黙を強いられた自らの美的世界を主張しているように思えます。

『アシク・ケリブ[*92]』(1988、ヨーロッパ映画賞美術賞)のラストシーンには、撮影カメラに白い鳩をとまらせて、亡きタルコフスキー監督に捧げる、という言葉が記されています。パラジャーノフ監督にとって表現の自由を求め続けて亡くなった彼は、闘いの同志だったのでしょう。時代は中世、舞台はコーカサス地方を中心に広域です。パラジャーノフ監督にとって、ジョージア、ペルシア、アラブ等、さまざまな民族文化が混淆する世界は、想像力を刺激したに違いありません。原作は19世紀ロシアの作家ミハイル・レールモントフです。

貧しいために詩人アシク・ケリブは、領主の娘マグリとの結婚を許されません。彼は千の昼と夜の後に戻ってくるとマグリにいい残して、修行の旅にでます。その間マグリには恋敵がいい寄って父親も認めます。そしてケリブは多くの試練を経て、ラストでは魔法の白馬に乗り遥かな距離を一日で、約束の日でもあるマグリの婚礼の日に帰り、彼女と再会、結ばれるというロマンティックな物語です。

2009年にラナ・ゴゴベリゼ監督のご自宅に訪問すると、彼女の居間にパラジャーノフ監督が作ったオブジェが大切に懸けられていました[*93]。エルダル・シェンゲラヤ監督のお宅にも彼のオブジェが飾ら

ジョージア映画の発展　　135

*95

れていて、それはエルダルの母、ナト・ヴァチナゼをモチーフにしたものでした。彼は映画が撮れなかった時代に、膨大な数の絵画やオブジェを製作して、仲間に贈っていたのです。『私は二十歳』のマルレン・フツィエフ監督はジョージア人ですが、そのキャンペーンで日本に訪問した後に、パラジャーノフ監督のスチール写真のスライドを人づてに私へ届けてくれました。ジョージアの映画人に、彼がいかに大切にされていたかがわかります。

ラナ・ゴゴベリゼ監督

　ラナ・ゴゴベリゼ*95（1928〜）は女性監督。ジョージア初の女性監督ヌツァ・ゴゴベリゼの娘です。彼女はトビリシ大学で英米文学を学んだ後、モスクワ国立映画大学で、セルゲイ・ゲラシーモフ監督に師事しました。彼女は女性と時代をテーマに作品を発表し続けています。

　『インタビュアー*96（原題『個人的な問題についてのいくつかのインタビュー』)』(1978、サンレモ国際映画祭グランプリ他）は、ジョージア初のフェミニズム映画といわれています。ソフィコ・チアウレリ演じる女性記者が、さまざまな境遇に置かれた女性の取材を続けています。その女性たちの人生が語られてゆくとともに、彼女の人生も浮き彫りにされてゆきます。そして主人公ソフィコは仕事と家庭を両立させるために悩み、苦しみ、さらに夫の不倫を知って動揺し、葛藤し

*96

ます。この映画にはゴゴベリゼ監督自身の忘れられない思い出が記されています。1935年、スターリンの粛清の時代、彼女が7歳のときに、才能ある映画監督だった母親ヌツァ・ゴゴベリゼは、反政府の疑いをかけられて12年間も投獄されました。そしてようやくラナが19歳のときに再会をはたします。その記憶が映像となってインサートされますが、ソヴィエトの粛清の時代を知らないと、主人公の脳裏に断片的に去来する、思い出のような映像の意味がわからないでしょう。製作された当時は、まだ検閲が厳しかった時代ですから、この表現は冒険だったと思います。また逆に多くの共感者がいたに違いありません。

ラナ・ゴゴベリゼ監督は1985年秋に来日し、ソヴィエトのノーボスチ通信の取材に答えて、このように語っていました。要約します。

「私の映画の主人公はみな、ジョージアの女性たちです。今世紀初頭の人や同時代の人だったりします。彼女たちは、ジャーナリスト、建築家、学者、音楽家、子だくさんの母親とさまざまです。革命は女性を家庭や職場から解放し、女性に男性と平等の権利を与えましたが、それでもなお彼女たちは男女関係や家庭と仕事の問題に直面しています。『インタビュアー』は大きな反響があり、"あなたは私のことを映画にしてくれた"という手紙もたくさんいただきました。私は社会と家庭のなかに女性の公正な場所を探すために、創作を捧げようと決心しています」

ジョージア映画の発展　　137

*97

　ゴゴベリゼ監督の『転回』(1986) は東京国際映画祭でグランプリを受賞しました。彼女の力量を証明するとても立派な作品です。年老いて精彩を失っていることを自覚しながらも、スターへの夢を捨てきれない女優とその娘、それぞれの交友。友人の独身の女性科学者と友人たちの話。別々の人生を歩んでいた何人もの人たちの運命が緊密に絡み合って、彼女たちの心模様、生きることの歓びや哀しみが描かれています。劇中、科学者たちが、女性の表情を撮った無音の映像を見て、何をいっているのかを各自想像し、表情と心の関係を討議しているのですが、ときどきインサートされるその女性の表情が印象的です。叫んでいるのか、祈っているのか、愛をうったえているのか。個々の人生とともに、人間存在の本質をとらえようとしていて素晴らしいと思います。

　1990年代のジョージアが厳しい時代を迎えていた時期に、ゴゴベリゼさんは確かヨーロッパの国の大使を務めていました。その後2009年にトビリシのご自宅に訪問したとき、ゴゴベリゼさんはもう映画製作から離れて、絵を描くことに専念していると語っていました。ところが最近、偶然トビリシで出会うと、89歳にして『野の花々』という新作に取り組んでいるといっていました。完成が楽しみです。彼女の作品に子どもの頃から出演していた娘サロメ（ヌッァ）・アレクシも、現在、映画監督として活躍しています。

友人のニクシャとディマのこと

『インタビュアー』で主演を演じた名優ソフィコ・チアウレリ[*98]
(1937〜2008) はこのようなことを語っていました。

「私には二人の息子がいます。私はいつも彼らの目をとおして、私の演じる役を見ようとしています。子どもたちはすべてを真剣かつ直感的に見ています。私はいつも子どもたちが映画から良い力を得られるように役柄を演じようとしています」

彼女の息子たちへの愛情が感じられる言葉です。その長男であるニコロズ・シェンゲラヤ、愛称ニクシャ[*99]は私が初めてジョージアを訪れてからの大切な友人です。ニクシャと初めて会ったのは1981年、私が妻とジョージアを初めて訪れたときでした。1978年にジョージア語を国語とすることを除いた新憲法草案に反発する大規模なデモが起こり、民族的に大きな高揚があった3年後のことです。当時はニクシャと彼の仲間からジョージアへの熱い思いや独立への夢を何度も聞かされたものでした。そしてともに羽目をはずして毎晩大騒ぎをしていましたが、年配の文化人から、彼は特別な血を引いていて、将来大きな人物になるだろうと聞かされていました。

その後ニクシャに限らず、その時に私たちと永遠の友情を誓いあったジョージアの友人たちの多くが、1991年の独立後の長く続いた

ジョージア映画の発展　　139

*100

　混乱によって、人生を大きく狂わされたと聞いています。現在、ニクシャはジョージアを代表する美術家です。繰り返しになりますが、父親にギオルギ・シェンゲラヤ監督、母にソフィコ・チアウレリをもつニクシャの映画の家系には驚きます。
　彼の家族や親戚の一人一人がジョージア映画を語るうえで欠かせない人物です。ニクシャは映画の美術をしばしば担当していますが、それが専門ではありません。しかし映画界の名門中の名門に生まれたわけです。彼の背後には今日までのジョージアの映画史があるのです。
　最近、私は驚くべきことを知りました。私はジョージアを訪れると、かならずニクシャとは別に、画家のディマ(ディミトリ)・アンタゼと会っています。ディマも代々芸術文化関係者の多い家系です。彼は日本にしばらく滞在したことがある親日家で、現在はトビリシのアトリエで日本の祭をテーマに制作に励んでいます。ニクシャの祖父、ジョージア映画の父といわれるニコロズ・シェンゲラヤ監督は1943年1月4日、撮影中に心臓発作で亡くなりました。記録を調べると、彼の製作中だった映画『彼はまた戻る』(1943)は、その後、ディオミデ・アンタゼ監督によって完成されたとあります。アンタゼ監督のことを調べるなかで、彼の写真を見ると、顔立ちがディマによく似ていたので、もしやと思い、ディマに「この人は親戚か」とたずねると、「祖父だ」という返事でした。ディマの話によれば、ニコロズ・シェンゲラヤ監督はアンタゼ監督の腕のなかで息を引きとったそうです。ニクシャとディマという私の大切な友人

が祖父の代で深く繋がっていたのです。

　ニクシャの自宅のやわらかな照明のリビングには、母親である女優ソフィコ・チアウレリのパラジャーノフ監督作品に出演した際の写真が、いくつも飾られています。トビリシのコテ・アプハジ通り沿いにある公園には、彼が製作したソフィコのブロンズ像があります。彼の父親ギオルギと、伯父エルダルのシェンゲラヤ兄弟も母親である女優ナト・ヴァチナゼを偲んで、カヘティ地方に記念館を作ったり、その名前を冠したワインを醸造、発売するなど格別です。

ジョージア映画の多様さ

　ソヴィエト時代の1979年、ギオルギ・ドリゼが書いた映画資料を読むと、著者の本意はともかくとして、社会主義体制の視点が徹底していて、その抑圧のなかで、ジョージアの映画人がいかに厳しい環境に置かれていたかが想像できます。

　しかし今にしていえることですが、厳しい時代の方がむしろ傑作が生まれていたという皮肉な現象があります。ソヴィエト時代のアンドレイ・タルコフスキー監督『鏡』、『ストーカー』しかり。ジョージア映画は60年代に入ると、若い映画人を中心に、大胆にもますます意欲的に、活発に新しい映像表現を試み、後世に残る傑作を発表してゆくようになります。

　メラブ・ココチャシュヴィリ監督の『大いなる緑の谷』[101]（1967）は、広い草原を舞台に、伝統を重んじる羊飼いが、油田が開発されることによる時代の新しい波に歩み寄ることができず、葛藤する姿を描き、その骨太な演出には圧倒されます。農夫ソサナ役の名優ドド・アバシゼの全身で時代に体当たりをするような力強い演技は忘

ジョージア映画の発展　　141

*101

れられません。2017年のトビリシ国際映画祭で『大いなる緑の谷』のデジタル修復版が上映されました。モノクロの映像、俳優の個性と演技、サウンド、どれをとっても息をのむほどに素晴らしく、私たち観客は映画芸術の醍醐味を存分に堪能しました。映画館から外へ出ると、ダヴィト・ジャネリゼ監督から「すべてが完璧だったね」と声をかけられました。

　ずいぶん以前のことですが、映画人には世界的に知られている新宿のバー「ジュテ」にいたときに、どういうきっかけだったか、イギリス人の女性とジョージア映画の話になり、彼女は『ドント・クライ』という映画が自分の人生を変えたといっていました。そのときから私はこの映画を観たいとずっと思っていました。映画遺産保護協会のケレセリゼさんにお会いしたときに、『ドント・クライ』とはどんな映画かと尋ねると、「これぞジョージア映画の真髄」という答えでした。それはギオルギ・ダネリア監督（1930〜）が撮った『気にするな』*102 (1968) のことでした。題名の訳し方次第でずいぶん印象が変わるものです。私には「嘆くな」という印象があり、人情ものの映画かと思っていましたら大間違いで、途方もないスケールのコメディーでした。

　ダネリア監督はジョージア人ですが、ほとんどの作品をジョージアフィルムではなくモスフィルムで撮っています。ほかにも『ミミノ』(1977) などの傑作コメディーが多くあり、特にＳＦコメディ

*102

*103

― 『不思議惑星キン・ザ・ザ』(1986)は日本でもカルト的人気のある作品です。

1960年代にはほかにも、ショタ・マナガゼ監督『善人』(1961)、ニコロズ・サニシュヴィリ監督『長老ゴチャ』(1964)、シコ・ドリゼ監督『都市は早く眼を覚ます』(1967)、オタル・アベサゼ監督『春はすぐ来る』(1967)、ググリ・ムゲラゼ監督『私たちの窓の光』(1969)など、注目すべき作品が多くあります。

ミヘイル・コバヒゼ監督[104](1939〜)の短篇『結婚』(1964、オーバーハウゼン国際短篇映画祭グランプリ)、『傘』[105](1967、クラクフ国際短篇映画祭グランプリ)、『音楽家たち』(1969)は世界的に高く評価されました。私はまだ全作を観る機会がないのですが、軽やかな詩的感性によって作られたシネポエムともいうべき作品です。『結婚』は結婚してゆく憧れの女性を見送る青年をコミカルに描き、『傘』は、踏切番として時間にしばられている青年が、ある少女に恋したことから、空を自由に浮かぶ傘につきまとわれます。台詞はなく、恋人との関係が非日常的に描かれ、二人の心の機微を傘の動きがユーモラスに表現します。全体にフランスのアルベール・ラモリス監督の『赤い風船』(1956)を彷彿とさせるイメージです。「ジョージアのジャック・タチ監督」ともいわれ、多くの人が彼の詩的才能と洒脱した内容を称讃していて、国際的にも高く評価されました。

すでに記したようにジョージア映画はカズベギ、プシャヴェラ、

ジョージア映画の発展　　143

チャフチャヴァゼなどの原作をもとに、新旧を問わずジョージア文学の映画化を積極的に行ってきましたが、他民族の文学の映画化も行っています。

主な作品として、オセチア人作家コスタ・ヘタグロフの古典をシコ・ドリゼ監督が映画化した『ファティマ』(1958)、オセチアの民族的英雄を描いたニコロズ・サニシュヴィリ監督『チェルメン』(1970)、ダゲスタンの作家アフマド・アブバカロフの作品を映画化したテンギズ・アブラゼ監督『私の恋人のための首飾り』(1970)などがあげられます。

コメディーはジョージア映画の真骨頂です。明るく大らかなジョージア人の気質に合っているのでしょう。笑いの素となるユーモア、ペーソス、風刺性において、彼らには天性のものが備わっています。

主にモスフィルムで活躍したギオルギ・ダネリア監督はその代表格といえるでしょうが、イラクリ・クヴィリカゼ監督[106] (1939〜) の才能は素晴らしく、突出していると思います。

『クヴェヴリ』(1970)、そして『アナラの町』[107] (1976、ロカルノ国際映画祭国際批評家連盟賞) は、ジョージアの民族的モチーフを素材にして、抱腹絶倒、実に愉快で面白い作品です。クヴェヴリとは、ワインを醸造する伝統的な土甕のことです。映画では農夫が手に入れた巨大なクヴェヴリが登場し、それを娘が不注意で穴をあけてしまい、その穴をふさごうと甕に入った男が、今度は出られなくなって

*106

*107

村は大騒ぎになります。『アナラの町』ではカンツィというワインを飲む巨大な角杯が登場します。そのカンツィでワインを飲みほした者は、代々村人から尊敬されるのですが、ある日、カンツィ飲みの長老が急死し、その後継者になろうと野心家たちが集まって、あの手この手で大カンツィ飲みに挑戦し、大混乱になります。

　いずれの映画も、クヴェヴリとカンツィというジョージアを象徴する民族的な日常品をモチーフに村の人々の大騒動が描かれて、とても可笑しい作品です。クヴィリカゼ監督はこれらの作品で数多くの映画賞を受賞し、その力量を世界に示しました。

　『泳ぐ人』(1981) も、水泳を得意とした一家、ドンバゼ家の3世代にわたる不遇の歴史が描かれ、国際的評価が高い作品です。ロシア革命前のこと、ドゥルミシュハン・ドンバゼはバトゥミからポティまでを三昼夜休みなく泳ぐことに成功しましたが、証明する人がいないために幻の記録になります。ソヴィエト政権に変わり、彼の息子ドメンティも遠泳の大会に参加しようとしますが、全ソチャンピオンが自らの記録を破られるのを恐れて、彼を人民の敵と嘘の密告して陥れ、彼は出場出来なくなりました。時代の犠牲になったのです。それから歳月を経て、彼の息子が父の思いを果たそうとして現われます。

　ジョージア映画には歴史劇にも注目すべき作品が多くあります。民族意識のつよい国なので歴史的英雄を描いた作品が主流を占めま

ジョージア映画の発展　　145

すが、なかには実在の山賊や盗賊を描いたものもあり、主人公の幅の広さには驚かされます。また国が総力をあげたような超大作もいくつかあり、今でも人気があります。

　『ケトとコテ』を作ったヴァフタング・タブリアシュヴィリ監督の『偉大な師の右手』(1970) は、2部に分かれた2時間39分の作品です。11世紀のギオルギ王のビザンティンや国内の封建領主との激しい戦いや恋愛を織り交ぜて、建築家アルスキゼがスヴェティツホヴェリ聖堂を完成するまでを描いた大河ドラマです。

　ニコロズ・サニシュヴィリ監督の『チェルメン』(1970) は、およそ200年前の民族的英雄を描いた作品です。チェルメンの偉業はこれまで歌や伝説で語り伝えられてきました。彼の祖国への愛、自由への希求、危険を恐れない勇敢さは、ジョージア人の一番愛するテーマです。チェルメンは、不幸な出生のために周囲から蔑まれながらも、弱者を助けるつよい正義感をもった青年に成長しますが、権力者たちの陰謀によって、非業の死を遂げるまでを劇的に描いています。

　グリゴル（ギガ）・ロルトキパニゼ監督 (1927～2013) の『ダタ・トゥタシヒア』(1978) は、元はテレビドラマで、7話、全8時間9分です。私がジョージアに関心を深めた頃、ジョージアの友人からこの作品を観ればジョージアがよくわかると薦められたことがあります。19世紀末から20世紀初頭にかけて、コーカサス全域を舞台に、ロビンフッドのようなダタ・トゥタシヒアがロシアやトルコを相手に活躍する物語です。ジョージア人は彼の勇気と正義感に夢中になりました。

　ジョージア映画の文芸作品や歴史劇を振り返り、私が不思議でならないことは、国民文学であるショタ・ルスタヴェリの『豹皮の騎士』はごく初期にシャルヴァ・ダディアニ監督によって映画化され

たようですが、以降、映画化されていないことです。人々にとって
あまりにも神聖な文学だからでしょうか。

　1970年代から80年代初めまでのソヴィエトは、政治的にはレオニー
ド・ブレジネフ書記長の体制下、停滞の時代と呼ばれていますが、
ジョージア映画はますます活気を呈してゆきました。

　1974年、トビリシ演劇大学に新たに映画学科が開設されました。
毎年募集人数は僅か10人以内で、対象も演出、ドキュメンタリー、
シナリオ、撮影、アニメーションと年ごとに変わり、かなり狭き門
です。しかしそれまでは映画を志すならばモスクワ映画大学に行く
道があるだけでしたが、自国で勉強できるようになったのです。

　1期生だったナナ・ジョルジャゼ監督は、映画学科でテンギズ・
アブラゼ監督とイラクリ・クヴィリカゼ監督の教えを受け、5年の
修業期間に、彼らと一緒にシナリオを作り、撮影技術、俳優の指導、
編集技術など、映画製作全般を学びました。そして16ミリフィルム
で実体験を済ませた後、35ミリフィルムで卒業製作『ソポトへの旅』
（1980）を監督します。

　映画学科出身の若い映画人たちが小さなスタジオを作り、1979年
に「Debut」という実験的映像表現のグループが誕生しました。ア
レクサンドレ・レフヴィアシュヴィリ、ゲラ・カンデラキ、イラク
リ・クヴィリカゼ、テムル・バブルアニ、ナナ・ジョルジャゼ、レ
ゾ・エサゼなど、1970年代の終わりから1980年代を風靡した監督が
名前を連ねています。その活動は、同時代の日本のＡＴＧを思わせ
るものがあります。

　彼らによる自由で斬新な映像表現は、日本ではまだ知られていま
せんが、次第に世界的にも衝撃を与えるようになりました。しかし
このような表現に不慣れな観客や批評家の度肝を抜き、彼らを独善
的だと批判する人たちもいて、ソヴィエト国内では限定的な上映し

ジョージア映画の発展　　147

かされませんでした。モスクワの中央政府からのつよい圧力にもかかわらず、ジョージアで作家性のつよい映画を作ることができた背景には、当時ジョージア共和国党第1書記だったシェヴァルドナゼの援護があったといわれます。彼は当時のブレジネフ書記長など、中央の顔色をうかがう「風見鶏」という揶揄を聞きましたが、一方で芸術家たちの権利を守ろうとしていたようです。難しい立ち位置だと思います。具体的に彼が貢献した映画として、1984年に製作された3作品、アブラゼ監督の『懺悔』やイオセリアーニ監督がフランスで撮った『月の寵児たち』、パラジャーノフ監督の十数年ぶりの作品『スラミ砦の伝説』があげられています。

アレクサンドレ・レフヴィアシュヴィリ監督[108]（1938〜）は、シェンゲラヤ兄弟の作品で撮影を務めた人で、ジョージアの映画人は一様に彼の、詩的、神秘的、哲学的な作風を高く評価しています。

第1作『19世紀ジョージアの年代記』[109]（1978、マンハイム国際映画祭グランプリ）をようやく観ることができました。言葉がわからないので直感ですが傑出した作品だと思います。架空の集落を舞台に、見えない陰謀に巻き込まれてゆく人々の姿を描き、描かれている内容がとても深く思われ、詩を味わうように繰り返し観たくなる作品でした。

題名からして謎めいていますが、歴史映画ではありません。現代の一人の青年が、故郷の古い大きな森を外国への売買から守ろうと

*110

したことから、予期しない出来事が次々と展開してゆきます。迷宮のような世界を描いて、政治への不信、社会への不安、未来への絶望によって閉塞した自国の状況を投影しているようです。モノクロームで映された森の妖しい深さ、詩的な映像美。そして人間の欲望、願い。出口のないカフカ的不条理の世界を思い浮かべます。

『家路』[110](1981) は、敵から逃れて、故郷へ帰ろうとした人々が、山の峡谷に道に迷ったように留まり、彷徨する姿を描いています。『ステップ』(1986) は、屋内を舞台にしていますが、同じように架空の超現実的な空間で、さまざまな人間が彷徨し、交錯します。3作品とも登場人物の誰もが不確かな世界で追いつめられ、見えない道を手探りで歩もうとしています。

彼の作品は、印象としてはヘルマン・ヘッセの精神の旅人たちを描写した「東方への旅」を髣髴とさせます。とても思索的で、夢幻的、内面的で、どこか美しく、悲劇的な空気の漂う世界が印象に残りました。聖杯探求の物語を思わせるロマンティックな魅力があります。いずれにせよ、1980年代のソヴィエトで、このように実験的な作品を作ることは勇気のいることだったと思います。それだけ彼は自身の表現世界に確信を持っているのでしょう。

ジョージアの映画人は彼をサシャという愛称で呼んでいます。そのことからサシャが皆に尊敬され、愛されていることがわかります。2017年にザザ・ハルヴァシ監督と雑談をしていて、話がレフヴィア

ジョージア映画の発展　　149

*111（左）
*112（右）

シュヴィリ監督の作品に及ぶと、ハルヴァシ監督は「サシャは奥さんを亡くして、今、とても落ち込んでいる。彼を元気づけるためにこの話の続きはサシャの家でしよう」といいました。ジョージアの映画人の関係はこのように親密です。

ノダル・マナガゼ監督[*111]（1943〜2006）の作品も個性的です。私が観た限りでは、音楽の力を効果的に使い、映像は憂愁を漂わせ、全体に抒情的、文学的な作りが印象的です。父親のショタ・マナガゼ監督と監督した『あなたの手のあたたかさ』(1972) は、老農婦の回想という形で、山中の村に暮らす家族が、ロシア革命期の時代に翻弄されてゆく姿が描かれています。ソフィコ・チアウレリが少女から老女までを見事に演じ分けています。そして『生きている伝説』(1977) は、ジョージア人が愛する内容です。映画はジョージアの男たちが戦士となり、力を合わせて国の未来のために犠牲となってゆく姿を描いています。『春は去る』(1983) は、一人の青年の夢を描いた映像詩のような作品です。悩む青年と少し大人びた少女との邂逅は、フランス映画の『シベールの日曜日』を思い出します。パトリシア・ゴッジを彷彿させるマレヒ・リコケリの妖精のような存在がつよく印象に残ります。『マエストロ』(1987) は、かつてはマエストロと呼ばれ、才能あるピアニストだった男が、調律師として生きる日々をとおして、彼の紆余曲折の過去が語られてゆく、哀愁漂う味わい深い作品です。

ソソ・チハイゼ監督[*112]（1937〜92）にはお会いしたことがあります。

もの静かで誠実な人でした。1986年、新作『ジョージアの民族音楽』の撮影で日本を訪れたときに、「日本グルジア友の会」のメンバー、加固寛子さんに紹介されました。ジョージアの代表的なポリフォニーアンサンブル「ルスタヴィ」を主宰するアンゾル・エルコマイシュヴィリさんや、美術を担当したヴァフタング・ルルアさんも同行していました。

　主要な撮影目的は、日本でジョージアのポリフォニーを独学で演奏する芸能山城組を撮影し、交流することでした。アンゾルさんの率いる「ルスタヴィ」は、以来何回か来日公演がありましたが、前述したように、私はすっかりファンになってしまい、ジョージアを訪れると必ずアンゾルさんをお訪ねして、ご挨拶するようにしています。彼は偉大な芸術家です。1968年に「ルスタヴィ」を結成して以来、50年をジョージア民謡の発掘と普及に全身全霊を傾けてきました。「ルスタヴィ」の演奏会に同席させていただくと、客席で彼らの演奏を聴くアンゾルさんは目を細めて満足そうにしているのですが、終演後の楽屋では一変、厳しい表情でメンバーに執拗にダメだしをしていました。このようにしてあの完成度の高い演奏が生まれるのかと、私は大いに納得したものです。

　美術のルルアさんは、いつも優しい笑顔を絶やさない、明るくユーモラスな方で、美術家としても多彩な活動をしています。『田園詩』や『ロビンソナーダ』などの美術も担当されていて、映画界においても重要な人物です。私は数年前に手に入れたピロスマニの新しい画集が、ユニークな視点で構成された素晴らしいもので、その奥付にルルアさんの名を見つけて、30年ぶりにお目にかかりたかったのですが、その画集の仕事を最後に、2014年に亡くなったことを知りました。再会できなかったことが残念でなりません。

　チハイゼ監督は『ジョージアの民族音楽』の完成を目前にして、

*113

ジョージアが独立後に起こった内戦の混乱のさなか、1992年に亡くなりました。大変な情熱と労力を費やした仕事であっただけに、無念だったに違いありません。遺したフィルムも貴重なものであったはずです。しかし最近ですが、彼の亡くなった年に、チハイゼ監督の名で『7人の男』というテレビシリーズがあり、そこにアンゾルさんやルルアさんの名前があるので一部が完成していたのではと期待したのですが、アンゾルさんにうかがったところ未完に終わったとのことでした。残念です。

　チハイゼ監督の出世作『トゥシェティの牧人*113』(1976)は、ジョージアの北東部の山岳地帯であるトゥシェティ地方に暮らす人々を描いたドラマです。チハイゼ監督は、厳しい環境のなかで暮らす人々と生活をともにしながら、ドキュメンタリーのなかにドラマを織り込むという斬新な手法で、外の世界からきた主人公の男と村人たちの交流を、人間味豊かにリアルに描いています。劇中、道に死んだヒバリを見て旅人がつぶやく「可哀そうに。トゥシェティの牧人のように旅路で死んでしまったのか」という台詞が心に残ります。チハイゼ監督は「私たちが日ごろ眼にしている現実、生活そのものが反映している映画こそ、長く鑑賞に耐えうる」といっていました。

　テムル・バブルアニ監督*114（1948〜）の『雀の渡り*115』(1980)は無骨な男の旅の一部始終を描いた、骨太なタッチのロードムービーです。面白いことに男は胸ポケットに雀を飼っています。最初の満員列車

*114

*115

では騒動が起こり、次にのった車はパンク。それでも男と雀は旅を続けてゆきます。明日の見えないどん底の日々が映し出されているようですが、底辺にほんのりと温もりがあり、人間への優しい視線が感じられます。この映画は公開が禁止されましたが、1988年にようやく上映されました。この映画に描かれるエピソードにも、時代と社会に対する強い主張がこめられているようです。ほかに『兄弟』(1981)、『眠らない太陽』(1992) などがあり、寡作ですが、多くの人が一目置く存在です。

　前述のように彼の二人の子どもも映画監督になりました。娘ソフィア・バブルアニ監督 (1976〜) は短篇『戦う前にあなたは何を願えるのか』(2012) で国際賞を受賞し、息子ゲラ・バブルアニ監督 (1979〜) の『13』(2005) は、ハリウッドで『ロシアン・ルーレット』にリメイクされています。『花咲くころ』(2013) に主演したリカ・バブルアニさんも親戚です。

　レゾ・エサゼ監督[116] (1934〜) の『ナイロンのクリスマスツリー』(1985) は、家で新年のお祝いをするために大きなバスターミナルに集まっている大勢の人たちを点描した群像劇です。ソヴィエト体制がペレストロイカで揺れていた時代、あたかもドキュメンタリーのように作られ、揺れ動く時代のなかで、彼らそれぞれの人生が浮き彫りにされたユニークな作品です。

　カラマン（ググリ）・ムゲラゼ監督 (1928〜) の『ルーツ』(1987)

ジョージア映画の発展　　153

*116（左）
*117（右）

は未見ですが、主人公は20世紀初頭の革命期にフランスへ亡命し、フランス女性と結婚、運転手として一生を送り、決して祖国へ戻りませんでした。そして彼の孫息子が遺骨をもってジョージアの故郷の村を訪ねるという物語です。

　ダヴィト・ジャネリゼ監督*117（1958〜）の『デドゥナ*118（ロシア語題名『ほたる』）』（1985、マンハイム国際映画祭グランプリ）は、私にとって新鮮な衝撃でした。今でも感動を忘れることができません。デドゥナには「母（デダ）の愛する娘」という意味があります。

　コーカサスの山深い村で、母親を亡くし、父親と二人で暮らす少女の質朴な生活を、ドキュメンタリーのように静かなタッチで描いた作品です。町からヘリコプターで弦楽四重奏の楽団がやってきて、「死と乙女」を演奏し、帰ってゆきます。ほかに道に迷った少年を数日引きとって一緒に生活するほかには、ドラマらしいことは起こりません。しかし静かに、そして豊かに心に残るものがあります。これが人の暮らしなのでしょう。最初と終わりに映る一本の木が印象的です。人の人生もこの木のようにあることができたらと思わざるをえません。監督も普通の人の営みの美しさを伝えたかったに違いありません。私たちが必要を認めず文明の進歩のなかで捨ててきたことに、今私たちが求めている人と生活のあるべき姿があるという皮肉。今から30年前の作品ですが、もうここへ戻ることはできません。僅かな時間で、ずいぶん遠い所まで来てしまいました。

　2017年、ジャネリゼ監督にお会いし、この作品から受けた感動と、『デドゥナ』を日本で上映したいと伝えたところ、ジョージアには

*118

状態の悪いプライベートなDVDがあるだけで、ネガはロシアが管理し、唯一のプリントはドイツにあって、現在は自由に見られない。この映画には不幸な歴史がありますといっていました。彼が大学を卒業して作った映画で、モスクワでは検閲官から「ピオネール(ソ連体制下の少年団)はどこに登場するのか」といわれ、イデオロギー的問題も指摘されたそうです。

　前から気になっていて、もしやと思って調べたら、主演の少女マレヒ・リコケリは、ノダル・マナガゼ監督『春は去る』(1983)に出演していた『デドゥナ』とは役柄のまったく異なるおませな少女でした。てっきり地元の子どもを採用したのだろうと思っていました。原作、脚本は『田園詩』、『希望の樹』のレヴァズ・イナニシュヴィリです。周到に考えられた作品であることがよくわかりました。ジョージアの若い映画作家には今でも伝説的な作品です。

ジョージアの女性監督

　ラナ・ゴゴベリゼ監督のほかにも、多くの女性監督が活躍しています。ナナ・ムチェドリゼ監督(1926〜)は女優としても有名な方ですが、映画監督として多くの作品を発表しています。7作目にあたるジョージアサッカーのパイオニアたちを描いたコメディー『最

ジョージア映画の発展　　155

*119

*120

初のツバメ』[*119]（1975、テヘラン国際映画祭特別賞）は大変評判になりました。西ジョージアの港町ポティを舞台に、山から出てきてサッカーに魅せられた青年と、ダヴィト・アバシゼ演じるサッカーを知る初老の男が、周囲の抵抗もあるなか、無からサッカーチームを育ててゆく姿があたたかい視線で描かれています。『イメレティのスケッチ』（1979）は、西ジョージアのイメレティ地方のよき時代、田舎の村の人たちのさまざまなエピソードが、久しぶりに帰省した一人の女性の思い出として点描されます。ムチェドリゼ監督も老母役を演じていて、笑いあり、涙あり、人情豊かで心があたたまる、今も人々に愛されている作品です。

　ケティ・ドリゼ監督[*120]（1945〜）は、著名なシコ・ドリゼ監督の娘です。彼女が父とともに監督した『クカラチャ』（1982）は、1940年のトビリシを舞台に、地区の若い民警クカラチャと家族の交流が、12歳の少年の純粋な視線で語られます。少年は悪戯をしてクカラチャの手を焼かせているうちに仲良くなりますが、クカラチャが一人の女性を悪玉の男から守ろうとするうちに、彼女と恋仲になり、男に嫉妬から殺されてしまいます。そんなほろ苦い人生のエピソードが描かれた作品です。彼女にはほかにも両親と息子との世代間の隔たりを繊細に描いた『雨がやむまで』（1984）などがあります。2017年12月、トビリシ国際映画祭で劇場の暗がりで、私の帽子を拾って

*121

くれた女性がケティ・ドリゼ監督と知って驚きました。彼女は実に活力に満ちた人で、嬉しいことに新作の準備をしていました。

リアナ・エリアヴァ監督（1939～）の『シネマ』（1977）は、20世紀初頭のジョージア映画草創期を背景に、映画に情熱をかける青春群像を叙情的に描いた作品です。ジョージア映画史をリアルに知るうえで、ぜひ観たいのですがまだ果たせません。ジョージア映画のパイオニアが描かれますが、脚本が『最初のツバメ』のレヴァン・チェリゼであることを知って納得しました。

ナナ・ジョルジャゼ監督（1948～）は、今やジョージアを代表する映画監督です。彼女はトビリシ演劇大学の映画学科を卒業後、師であったクヴィリカゼ監督が脚本を担当した長篇第1作『ロビンソナーダ*121（原題『ロビンソナーダ、あるいは私のイギリスのお祖父さん』）』（1986）で、1987年カンヌ国際映画祭新人監督賞を受賞し、一躍世界の脚光を浴びました。アブラゼ監督『懺悔』が審査員特別大賞を受賞した年でした、ジョージア映画が世界のカンヌで二つも大きな賞を受賞した快挙に、『青い目のロバ』以来、ジョージア映画が30年ぶりにヨーロッパから評価されたと喜んだものです。脚本を担当したクヴィリカゼのユーモアと風刺のセンスが、ジョルジャゼ監督の志向と相まって絶妙な効果を生んでいると思います。物語は、1918年に独立したジョージアが、1921年、赤軍に侵攻されるまでの時代が背景です。ロンドンからデリーまで、大陸を横断する電線の点検

ジョージア映画の発展　　157

＊122

にきたイギリス人電信技士が、ジョージアの農村で恋に落ち、村人たちから追放されますが、電柱の周囲 3 メートルは英国領だと主張して居座るという、恋のからんだ騒動が、ユーモアたっぷりに現代と時間を交錯させた自由な時間軸で描かれています。

　短篇『ソポトへの旅』＊122（1980、1987年オーバーハウゼン国際短篇映画祭グランプリ）は、ヌード写真を隠れて売る二人の青年のしがない一日を、小さな事件を織り込みながら描いた彼女の卒業製作です。ジョルジャゼ監督は、クヴィリカゼ監督の『泳ぐ人』に女優として出演し、後に二人は夫婦になります。

　そのほかにも、この時代の女性監督として、ベテランでは、ネリ・ネノヴァ監督（1929〜）、レイラ・ゴルデラゼ監督（1927〜2002）、新しくは、ニノ・アフヴレディアニ監督（1960〜）、マリネ・ホネリゼ監督（1956〜）たちがあげられます。

ソヴィエト時代の終焉

　1986年5月に行われた第5回ソヴィエト映画人同盟の大会で、ジョージアを代表してエルダル・シェンゲラヤ監督はこのように発言しています。以下要旨「ゴスキノ（ソ連邦国家映画委員会）は変わらなくてはなりません。各共和国の委員会、映画スタジオに多くの権

利を付与して、それぞれが自らシナリオを決定し、作品に責任をもつようになるべきです」。この勇気ある発言は画期的なことであり、ソヴィエト全体の映画人に大きな影響を与えたと思います。この2年前に、彼が『青い山』を発表していたことも、大きな意味があったでしょう。この大会は、映画のペレストロイカを宣言した画期的な転換点になりました。官僚的なゴスキノの一元的支配に対して、各共和国の映画人同盟が対等の地位を取り戻し、検閲が全廃されて、80本にのぼる上映を禁止されていた作品が解禁されました。映画の国営システムも解体され、製作、配給、上映に市場原理が導入されて、民営化、自由化が拡がってゆきました。

　しかしその後のペレストロイカの急速な展開のなかで、さまざまな矛盾や問題も生じたといわれています。各国の撮影所は自治権を勝ち取ったことによって、経済的責任を負い、採算を考えねばならなくなりました。つまり芸術性の追求ではなく、より集客できるように一般性、娯楽性を考えねばならず、製作する自由が狭められる可能性がでてきたのです。この問題に対して、1974年からジョージアの撮影所の代表だったレヴァズ・チヘイゼ監督や映画人同盟の代表だったエリダル・シェゲラヤ監督は、市場原理のなかで犠牲になる映画作家やプロジェクトへの財政援助を訴え、国内外への配給体制など、システムの改善を要求しました。

　1988年にフランスのポンピドーセンターで催された「ジョージア映画特集」のカタログでは、それまでの映画史を時系列にこのように分けていました。「第1次黄金時代の始まり」＝草創期、「厳しく、苦難の時代」＝粛清、スターリン主義、世界大戦、「復活・再生」＝戦後の展開、「新たな局面」＝1970年代の新しい作家、「羨まれ苦悩する流派」＝個性的な作家への批判、「ジョージア映画とペレストロイカ」＝現状と未来、でした。

1987年にソヴィエト全土で『懺悔』が一般公開されたことを機に、公開が禁止されていた作品も徐々に観られるようになりました。1988年にはジョージアの映画製作関係者は俳優をふくめて400人以上に増え、スタッフやキャストの予備軍を加えると、相当数になり、映像表現への関心がさらに高まっていたことがうかがえます。

　この時代のジョージア映画界の柱となっていた人は、レヴァズ・チヘイゼ監督とエルダル・シェンゲラヤ監督でした。ザザ・ハルヴァシ監督はこのように語っています。チヘイゼ監督は長くジョージアフィルムの代表であり、アブラゼ監督、イオセリアーニ監督、レフヴィアシュヴィリ監督がソヴィエト的ではない、反体制的ともいえる映画を作ることができた理由の一つに彼の功績があります。彼は親中央政府的な姿勢を示しながら彼らを守ってきたのです。チヘイゼ監督がいなかったら、ソヴィエト体制下でパラジャーノフ監督はあのように斬新な映画を撮ることはできなかったでしょう。

　ソヴィエト政権の末期、ジョージア独立の気運が高まっていた時に、チヘイゼ監督の娘は独立運動の先頭に立っていた一人でした。チヘイゼ監督もかつてのミヘイル・チアウレリ監督のようにソヴィエト体制を称えるような映画を何作か撮っていました。娘が父親になぜ体制を賞讃するような映画を作るのかと責めると、チヘイゼ監督はこう答えたそうです。「私がこういう映画を作るのは、我々の将来の世代、お前たちが血を流すことなく、独立を実現させるためだ。私たちが敵と関係を保っていることが大切だ」。ソヴィエトという巨大な国家に対して、自由と権利を勝ち取るために闘うジョージア人一人一人の思いがこのエピソードからうかがえます。

　ジョージアでは人々の自由への渇望と民族的感情が高まるなか、1989年4月9日、トビリシでハンガーストライキ中だったジョージアの民衆に対して、ソヴィエト軍が武力行使し、妊娠中の女性をふく

む多くの犠牲者がでました。ジョージア国民はこの事件に激しく反発し、独立へ向けて一層大きな動きに発展してゆきます。多くの映画人もこのデモに参加したようです。エルダル・シェンゲラヤ監督はこの騒動の一部始終を撮影し、その映像を国外に持ち出して、事件は海外でも大きく報道されました。ルスタヴェリ通りを埋め尽くした群衆の抗議は日本でも紹介され、私たちにもソ連邦崩壊が現実的に思えるようになり、ジョージアだけでなくソヴィエトの歴史上、大きな節目になった出来事でした。

　20年も経った2009年に、知人に案内されて、この道端では一人が亡くなり、この公園では多くの市民が暴行を受けたなど、生々しい話を聞いたことがあります。4月9日の記憶は、人々の心にいつまでも鮮明に焼きついているようです。

　ポーランド等、東欧各国でも民主化の動きが活発になってゆき、1989年11月9日、とうとうベルリンの壁が崩壊します。20世紀の世界に大きな影響を与えたソヴィエト社会主義共和国連邦は解体に向けて、その最終段階に突入してゆきました。

第4章　ジョージア映画の受難と再生

ジョージア独立後の混迷

　1991年4月9日に、ソヴィエト連邦の1共和国だったジョージアは独立を宣言、5月26日に独立を回復（1918年に独立したという考え方による）しました。そして選挙によって民族運動の旗手であったズヴィアド・ガムサフルディアが86%という圧倒的な得票率で初代大統領となりました。しかし半年もたたない、ソ連邦が解体した12月21日の翌22日に、ガムサフルディア大統領の民族主義的、強権的な政治手法に対して、反政府勢力は立ち上がり、武力衝突はトビリシの市街戦にまで発展しました。トビリシ内戦といわれています。この数週間にわたる戦闘のために、多くの犠牲者が生まれました。

　ガムサフルディアは翌1992年1月6日にジョージアを脱出、チェチェン共和国に亡命し、戦いはいったん収束しますが、国内のアブハジアと南オセチアにおける、ソ連邦時代からくすぶっていた分離独立の問題が、血を血で洗うような紛争に発展してゆきます。同年夏にアブハジアで大規模な戦闘が起こり、民族浄化の陰惨な戦いになり、多くの犠牲者と約25万人の難民が生まれました。一方、ガムサフルディアは翌1993年9月にジョージアに戻り、西ジョージア各地で蜂起しますが失敗します。そして逃走中の12月31日、故郷サメグ

162

レロ地方のヒブラ村で、今も謎の死を遂げます。アブハジアにおいては1994年に停戦合意が成立しますが、その後も南オセチアと同じく緊張した関係は続いています。

　ジョージアは1990年代に、度重なる武力衝突があったために、政治・社会・経済は壊滅的な打撃を受けて、国内は荒廃し、芸術文化は低迷、輝かしい映画の伝統は途絶えてしまいました。この時代は、生活物資は不足し、インフラは崩壊、停電、断水は日常的で、収賄が横行し、略奪、窃盗、強盗も頻繁に起こり、社会は大変混乱して絶望的ともいえる時代がしばらく続きました。

　内戦や紛争をとおして、昨日まで盃を交わしていた人たちが、たがいに銃を向けあったという事実、今日でも人々のそのトラウマは癒えていません。知人たちは当時を振り返り、ワインのかわりに水で宴会をした、家の前で家族が銃撃されて亡くなった、外出したら帰ってこられないものと覚悟した、などと思い出を語っていました。

　多くの才能ある芸術家が生き延びるために創作を諦め、家宝を売り、貴重な蔵書を売り払いました。ピロスマニの絵も盗まれ、生活のために売買されて行方がわからなくなっています。

　1992年3月、ガムサフルディアを追い出した反対勢力は、モスクワから国家評議員議長としてシェヴァルドナゼを招き、1995年11月の選挙で彼は大統領に選出されます。しかしその後も紛争は収まらず、国内の混乱は続き、経済は低迷し、インフラは悪化する一方でした。2000年代に入ると、政府内の汚職が顕在化し、政権は糾弾されます。その先頭に立っていた一人がミヘイル・サアカシュヴィリでした。

　サアカシュヴィリは2003年11月の総選挙で不正があったと批判し、同月22日、彼と多数の支持者はバラを手に議会を占拠しました。そして翌23日、シェヴァルドナゼを辞任に追い込みます。この政変は

バラ革命と呼ばれています。その後、2004年にサアカシュヴィリは大統領に就任し、政府内の腐敗等、社会を一掃する改革にのりだす一方で、親米・ヨーロッパ、反ロシア姿勢を明確に打ち出し、ロシアとの関係は悪化します。

　2008年8月7日、南オセチアをめぐって、ロシアと戦争が起こり、復興の兆しが見えていたジョージアに新たな禍根を残します。そして2012年10月の総選挙でサアカシヴィリは、ロシアとの関係改善を語るビジナ・イヴァニシュヴィリが率いる「ジョージアの夢」に敗北し、辞任に追い込まれました。

　私自身は、1990年代、ジョージアがこの混乱のなかで消滅してしまうのではないかととても心配でした。そしてなす術もなく新たなニュースに動揺していました。その思いは今でも尾を引いています。私はソヴィエト時代に親しくなったジョージアの友人、知人たちの消息を知ることが怖いのです。実際、彼らのうちの何人かは戦死し、薬物に溺れ、絶望のあまりに自殺したと聞いています。この時代に青春期を送った人たちは「失われた世代」と呼ばれています。ニヒリズムがこの時代の人と社会を支配しました。「失われた世代」の映画人も、このニヒリズムと未だに格闘しているのです。

イオセリアーニ監督『唯一、ゲオルギア』

　イオセリアーニは1992年にこのように語っています。「私はジョージアを捨てようとしたことはありません。今私はジョージアに帰って、そこで自分がいったい何の役にたてるのか考えてみたい。かつてジョージアには哲学的思索に富んだ素晴らしい映画の伝統がありました。私は前世代の貴重な遺産を失いたくないのです」（コム

ソモリスカヤ・プラウダ紙)

　ジョージアの厳しい時代に、パリに居を移していたイオセリアー
ニ監督は、テレビドキュメンタリー『唯一、ゲオルギア（ジョージ
ア)』(1994)、そして『群盗、第7章』(1996) を発表しています。

　『唯一、ゲオルギア』は、当時、仙台の歴史学者、北川誠一さん
からいただいたビデオで観る機会がありました。ジョージアの今日
までの歴史と文化が端的にまとめられたタイムカプセルともいえる
ようなドキュメンタリーでした。約4時間の大作です。イオセリア
ーニ監督が祖国の惨状に対して、いてもたってもいられずに切実な
思いで作ったのでしょう。普段の緩やかな作風とは大きく異なる悲
痛な内容です。この作品はフランスのテレビのために作られました。
たしか実際の放送では冒頭にはイオセリアーニ監督の視聴者に向け
てのスピーチがありました。当時のメモをもとに、その一部を紹介
します。

　「芸術家として、続けていた仕事を止めて、今最も悩み、心配し
ていることについて作品を作る必要性を感じました。無知と混乱の
時代に、誰もが、相手がどこからやってきた、どんな民族の人なの
か、自国で何が起きているのかを理解できなくなっています。私は
テレビという私にとって新しいジャンルで、大きな責任を負って、
自分の国について語り、自分の思いを多くの人に理解してもらおう
としました」

　作品は3部に分かれ、第1部「序曲」は、紀元前からのジョージ
アの歴史と文化が紹介されます。ワイン作りや宴会、ポリフォニー、
キリスト教美術などの豊かな伝統文化を紹介しながら、戦争が絶え
間ないこの国の激動の歴史が語られます。そして19世紀以降、ロシ
ア帝国の支配下での人々の生活、そして20世紀に入って、短命に終
わった独立を経て、スターリンがソヴィエト政権を樹立するまでが

ジョージア映画の受難と再生　　165

描かれます。

第2部「誘惑」は、ジョージアのソヴィエト時代とその崩壊までが描かれます。スターリンの粛清、独裁が主に語られ、その死を経て、雪どけ以降、民族意識が高揚する様子が、映画監督たちの数々の証言とともに、映画からもシーンを引用し、リアルに語られます。

第3部「試練」は、ポリフォニー音楽が象徴的に紹介され、ジョージアの独立への道のり、そして独立後の混乱が描かれます。ガムサフルディア率いる大統領派と反対派の銃撃戦が拡大し、特にトビリシのルスタヴィ通りのビルが戦火に包まれる映像は衝撃的でした。ラストシーンは、男が大通りで足を引きずりながら、「互いに殺しあってしまえ」と叫ぶカットが挿入され、トビリシのオペラ劇場のオーケストラのリハーサルが映されます。亡くなったのか、訳があって参加できないのでしょう。指揮者ジャンスグ・カヒゼが「絶望的な思いをこめて」と注文をつけ、重々しい旋律が演奏されるなか、楽団員の席がいくつも空いているのが印象的です。

人間性は、それぞれの風土と民族的伝統のなかで育まれてきました。しかしいったん戦争が始まり、民族意識が高揚させられると、寛容性が失われ、ソ連邦崩壊後のジョージアや旧ユーゴスラヴィアで起こったように、民族浄化といわれる野蛮で凄惨な戦争に発展します。歴史上、数え切れないほど繰り返されてきた人類の愚行です。

「人の愚かさが繰り返されるならば、賢さもまた繰り返される」という詩人、片山敏彦の言葉を思い出します。人はこの世に誕生して以来、戦いだけでは生きてはこられなかったはずです。愛や友情なくして今日まで生きてこられたでしょうか。

このドキュメンタリー映画に記された歴史的事実は、その後のジョージア映画の展開と切り離すことはできません。

蘇るジョージア映画

　1990年代に、ジョージア映画も壊滅的な打撃を受けて荒廃しました。その苛酷な日々を生き延びた「失われた世代」と呼ばれる新しい世代の映画人は、2000年代に入って国内の製作基盤が少しずつ整備されてゆくなかで、多くの困難を抱えながらもジョージア映画を蘇らせるために、少しずつ前に進んでゆきます。

　ソヴィエト時代のジョージア映画は、全体主義体制のもと、粛清や検閲等の厳しい状況におかれていましたが、はるか昔から脈々と続いてきた民族的伝統の豊かさに包まれていました。どんなに厳しい時でも人間性を失わずに、ジョージアの未来への希望を失うことがなかったと思います。第2次世界大戦後も、意欲に溢れた作品が次々に発表され、伝統の上に新しいテーマを新しい作風で作って、人々をリードしてきました。

　1990年代以降の「2度目の戦後」に、長い沈黙のなかから生まれた新しいジョージア映画は、先の見えない社会で、孤立し、苦悩する人々の姿を描いた作品が目立ちます。ジョージアの人々が置かれている不条理、不毛、愚かしい状況を世界に突きつける、そんなやるせない思いが感じられます。『花咲くころ』のナナ・エクフティミシュヴィリ監督はこのように語っていました。

　「ジョージア映画は蘇りつつあります。新しい世代の人たちが精力的に活動しています。多くは外国で教育を受けたのちに、ジョージアに戻って、私たちの国に何が起きたのか、あるいは何が起きているのかについて映画を撮っています。これは私たちの世代にとってとても大切なことなのです」

＊123（左）
＊124（右）

　彼女の言葉のとおり、この20年間のジョージア映画には、世界的に注目された『みかんの丘』、『とうもろこしの島』、『花咲くころ』を筆頭に、「失われた世代」の映画人たちが、ソ連邦末期から、独立を経て今日に至るまで、ジョージアに起こったことに真剣に向き合った社会性のつよい作品が目立っています。1990年代にジョージアで起こったことはいったい何だったのか、どうしてこんなことになったのかと、時代を検証する真摯な製作姿勢にはつよい感銘を受けます。作品には、「1度目の戦後」のように明らかな希望は描かれていません。しかし世界中に紛争が拡散し、社会が混迷を深めて、私たち日本人も多くの不安に包まれている今日、ジョージア映画に描かれた困難な状況は遠い国の出来事ではありません。彼らの厳しい映画から浮かび上がる、ほのかな人間性こそ真の救いであり、日本の私にもリアルに、希望の灯火に思えてくるのです。

　2017年、ジョージア映画発展基金のガガ・チヘイゼさん[＊123]にジョージア映画の現在の組織について尋ねました。大きく四つの組織に分けられると説明してくれました。後にうかがったジョージア映画アカデミーのニノ・アンジャパリゼさん[＊124]のお話と総合して記します。

１：ジョージア国立フィルムセンター

　2000年に国会で採択された「ジョージア映画国家支援法」によって、2001年に設立されました。この組織は映画製作を支援する唯一の国家機関で、文化省予算で運営されています。

　2015年の予算は約2億8千万円で、その8割が劇映画、ドキュメ

ンタリー、アニメ等の映画製作のための補助金に使われます。若い作家の第1作や、芸術性の高い非商業的な作品を優先して審査し、製作費の約30%〜約70%を支援しています。さらに欧州理事会映画支援基金を経て、映画の共同製作に関する欧州協定に加わったので、外国の出資を得やすくなりましたが、そのために独立性を保つことが難しくなるという問題もあるようです。

1990年代の「失われた世代」は、資金がなく映画をなかなか製作できませんでしたが、政府が資金の一部を提供することによって、ようやく作れるようになったわけです。その最初の出資作品が、ギオルギ・オヴァシュヴィリ監督の『向こう岸』(2009)でした。

2：ジョージア撮影スタジオ＝ジョージアフィルム

かつてはソ連体制の1機関でした。トビリシ郊外のディゴミにあり、ソ連邦崩壊後は一夜にして市場主義経済の世界におかれた上に、それまでの中央からの予算が得られずに機能を失ってしまいました。そのためにジョージアの映画人は編集等のポストプロダクションを国外でせざるをえず、製作費が過剰にかかるので整備が検討されているそうです。現在はジョージア映画の旧作プリントの修復、保存、管理のほか、スタジオは主に外国に貸しているとのことでした。

3：ジョージア映画アカデミー

元はソ連時代からあったジョージア映画人協会であり、現在約350人の会員がいて古い世代の人たちが多いそうです。アカデミーがあるビルのテナント料をもとに、その世代の人たちに少しですが年金を払うなど支援しています。しかしソ連時代は重要な機関であり、撮影や上映に関する許可などにも関わっていました。検閲のため見られないジョージア映画や映画館にかからない外国映画もここでは見ることができたそうです。名称を変え、ホールを改修するなど、新たな映画人の集まる場所として刷新を図っているようです。

ジョージア映画の受難と再生　　169

＊125（左）
＊126（右）

4：ジョージア映画発展基金

2005年に国と撮影スタジオによって設立されました。基金の事務局がおかれたビルのテナント料もふくめて、年間3万ドルを映画関係のプロジェクトに出資しています。これは映画製作ではなく、トビリシ国際映画祭の賞金や映画監督の養成、映画関係のイベント等にあてられます。また映画監督たちに映画会社を作るように呼びかけて、現在は独立系のプロダクションが30社ほどあるそうです。

2003年のバラ革命を経て、2004年にサアカシュヴィリ大統領の体制に変わり、2005年、ジョージア国立フィルムセンターの理事長にガガ・チヘイゼさんが選ばれ3年間勤めました。就任時、チヘイゼさんは「90年代から続いていたジョージア映画の危機は終わった」と高らかに宣言しました。チヘイゼさんは同時にトビリシ国際映画祭のジェネラルディレクターを務めて、毎年、多くの世界の映画を上映してきました。

友人のニクシャことニコロズ・シェンゲラヤは、この国の不平等をなくして、一人一人が幸せに暮らせる社会を作りたい。そのためには一歩一歩、少しずつ進むことが大切なのだと繰り返しいっています。前回に会ったときは、イギリスのチャーチルの言葉を知っているかと聞きます。第2次世界大戦後、国家予算を振り分ける時、再びの戦争に備えて軍事費を増やすべきだという周囲の意見に対して、チャーチルは文化を豊かにしなければ兵士たちはいったい何を守るのかと主張したそうです。

*127

　ニクシャは、ジョージアは文化を大切にしていると思うが、もっと資金を投じなければならない。経済がよくなっても、ただ飲み食いするだけだ。人間が動物と違うのは精神性をもっていることだ。だから文化をもっと豊かにしなければならないといっていました。日本人の私にとっては耳の痛い発言でした。

『みかんの丘』と『とうもろこしの島』

　『みかんの丘（原題『みかん』）』（2013）のザザ・ウルシャゼ監督*125（1966〜）と『とうもろこしの島』（2014）のギオルギ・オヴァシュヴィリ監督*126（1963〜）も1990年代の「失われた世代」にあたります。この2作品は、ともに国際映画祭で数多くの賞に輝き、ジョージア映画の復活を世界に知らしめました。2作品はそれぞれ異なった視点でアブハジアの紛争を描いています。

　『みかんの丘』*127は、紛争が激化するなかで、アブハジアのみかん畑で働く二人のエストニア人、イヴォとマルゴスが、敵同士の傷ついた二人の兵士、アブハジアを支援するチェチェン兵アハメドとジョージア兵ニカを同じ家で看病することになり、たがいに殺意に燃える彼らがしだいに変わってゆく姿を描いています。そこへ現れたアブハジア軍やロシア軍との息を飲む展開は心を揺さぶります。

ジョージア映画の受難と再生　　171

『とうもろこしの島*128』は、ジョージアとアブハジアの間を流れる
エングリ川が舞台です。この川は、毎年、春になるとコーカサス山
脈から肥沃な土を運び、中州を作ります。両岸で敵同士がにらみ合
い、銃弾が飛び交うなか、今年も老人と孫娘が、昔からの土地の風
習のとおり、川の島にわたって、種を蒔き、苗を育てます。大自然
のめぐりのなかで、人間の営みと戦争を描いた作品です。

『みかんの丘』の冒頭のシーン、イヴォが板を二つに切り分ける
作業の風景が対立や隔たりを暗示しています。この板はみかん箱を
作るためでしたが、ラストでは棺桶をつくることになります。

『みかんの丘』で、イヴォの「人を殺していいという権利を誰が
与えた？」という問いに、兵士アハメドは、この戦争が（くれた）
と答えています。戦争とは「合法的な」大量殺人であり、この凶悪
な犯罪の多くは一部の権力者によって起こされたものです。しかし
プロパガンダに首尾よく操られた大衆にも非はあります。

人の過ちは幾度でも繰り返されます。戦争はある日突然起こり、
いったん始まると止めることはできません。恐怖と憎しみが対立を
泥沼化させます。兵士は敵を人と思っていては殺せません。思考を
停止し、戦う道具に徹しないと生き残れません。そして自らも生け
る屍と化してゆきます。映画はそのことを明確に示しています。

この2作品は、戦争は何も生まず、すべてを絶やす愚行であるこ
とを表わし、一方で人間の日々の営み、人間であろうとすることの
尊さを描いています。戦火のなかで、それらを支えるのは『みかん
の丘』でアハマドがイヴォを称えたように勇気です。この思いが映
画に表されるまでに悲惨な紛争から20余年の歳月が必要でした。

2作品には共通点が多くあります。作物の名がついた題名から
はじまり、アカデミー外国語映画賞をエストニアとジョージア代表で
競い合ったことだけではありません。同じアブハジア紛争を背景に

*128 © ARIZONA FILMS

していますが、ジョージア映画にもかかわらず主人公はジョージア人ではありません。「敵」であるエストニア人とアブハズ人であり、ジョージア語も僅かに使われるだけです。

『みかんの丘』で、イヴォの息子は戦争に参加してジョージア軍に殺されました。『とうもろこしの島』でも、孫娘の両親はおそらくジョージア軍の攻撃で亡くなりました。それにもかかわらず両作品とも「敵」である傷を負ったジョージア兵は介抱され、誰もが同じ人間であることを伝えようとしています。しかし銃を向けあった一方の国の映画人が、その戦争を公正に描くことは、さぞかし困難な作業だったでしょう。戦争から受けた心の傷は癒えることがないからです。さらに2作品とも男だらけの映画です。しかも主人公はお爺さんで、『みかんの丘』のイヴォも『とうもろこしの島』の老人も、こまめに家事をして看護もします。マルゴスはみかんを赤ん坊のように母性的な情熱で世話をしています。この三人の老人は「普通の暮らし」を体現し、戦争という男性的な破壊し支配する心に対して、いわば内なる女性的な、守り育てる心を表わしています。

両作品で唯一の女性である孫娘の存在は大きく、『みかんの丘』のイヴォの孫娘は額縁のなかの写真です。彼女は父をこの戦争で失くしたことが最後にわかりますが、まるで別世界からこの世の地獄絵を眺めているかのようです。『とうもろこしの島』の孫娘も両親を失くしましたが、彼女がしだいに生活の術を身につけ、成長して

ジョージア映画の受難と再生　　173

ゆく姿はたのもしく、生命の力を感じます。戦争の惨さのなかで、この二人の若い女性が、人間性や生の営み、そして未来への希望を遠く思わせて、切ない思いにさせます。

『みかんの丘』に「汝の敵を愛せよ」という聖書の言葉を思い出しました。ジョージアは世界で2番目にキリスト教を国教に定めた国です。またいくつもの民族が入り混じる展開に、ジョージア人が幼い頃から親しんでいる12、3世紀の叙事詩、ショタ・ルスタヴェリの『豹皮の騎士』に表わされた友愛の精神に思いを馳せます。

コーカサスの人々は民族的自尊心が強く、血の気が多く、激し易いのですが、客人は家の主人には敬意を払い、一方で家の人は客人を敵味方の隔てなく「神さまの使い」として大切にします。アブラゼ監督の『祈り』で描かれた作家プシャヴェラの世界がふたたびこの映画に蘇ります。これらの風習がドラマの背景にあり、一つの屋根の下で、戦う道具にすぎなかった二人が、氷がしだいに溶けるように人間に戻ってゆく過程が映画の見所です。イヴォとマルゴスはドン・キホーテとサンチョ・パンサのように見えて面白く、そういえば「ドン・キホーテ」はかつてレヴァズ・チヘイゼ監督が映画化したように、昔からジョージアの人々に愛読されている小説でした。戦争の酷さが描かれるなかで、ユーモアとアイロニーが随所で効果的に使われています。

映画の中盤、イヴォは彼らのために宴席を設けます。彼はそこでまず「死」に乾杯をします。ジョージアでは最初の乾杯は重要なので、この言葉は絶望を表わしています。一方で殺伐とした戦場となった畑で、たわわに実るみかんのオレンジ色は目に眩しく、生命の光を思わせます。そのために結局みかんが収穫されなかったことに戦争の惨さを感じます。

ラストの戦闘の展開は、善悪の関係が明確な西部劇のような作り

で、既視感がありますが、単純でわかりやすい終結だけに感動が強く残ります。この紛争の黒幕といわれるロシア軍を登場させたことは、監督にとって難しい判断だったかもしれません。

　ジョージア軍に殺された息子の墓の隣に、ジョージア兵ニカを埋葬する際のイヴォの言葉は心に残ります。どうしてだと驚くアハメドに「それがどうした。何が違うのだ」と答えていました。アハメドは郷里のチェチェンに帰りますが、実際には1、2年後、独立を求めるチェチェンとロシアとの間で激しい紛争が起こり、現在も続いています。アハメドと彼の家族は今、無事に暮らしているのでしょうか。

　『とうもろこしの島』は、より寓話的です。アブハジアとの境にそって流れるエングリ川を舞台に、旧約聖書のように厳粛なドラマが進行します。台詞がとても少なく、普通の映画は1000近くあるのに50もありません。祖父と孫娘という人類の生存の連続性を思わせる人物の設定。劇中で彼らの名前は明かされず、私たちの集合的無意識に働きかけて、作品を伝説や神話に近づけようとする意図を感じます。知人に新藤兼人監督『裸の島』(1960) を教えられ、その作りに勇気づけられたと監督は語っていましたが、後にこのアドバイスをした人が『懺悔』の主演アフタンディル・マハラゼであることがわかりました。彼は当初、この作品の老人役を演じることになっていたそうです。

　孫娘の「この島は誰の土地？」という問いに、祖父の「耕す者の土地だ」という答え。『みかんの丘』でも、ニカがアハメドに「ここはジョージアだ」と暗に領土を主張しますが、アハメドは「エストニア人のエストニアの椅子に坐っている」と答えています。土地をめぐる争いは戦争へとたやすく発展するものです。日本の私たちにとってもひと事ではありません。

ジョージア映画の受難と再生　175

春になると老人は川にできる中州へわたって土の状態を調べて、触り、匂いをかぎ、舌で味わいます。そして土のなかに過去の人の生活の痕跡を見つけます。大地とともに生きる人の基本的な仕草を冒頭で提示します。その仕草を老人が亡くなった後、翌春、別の老人が繰り返します。生命のはかなさと強さ。人間の行いを遥かに超える母なる大地、大自然の営みを考えさせられます。

　そして種をまく風景、土を耕す風景が、ミレーの絵のように、注意深く美しく撮影されています。これらの映像は、大宇宙の生成のなかで、人間にとって1番大切な行いを示しています。それは『みかんの丘』と同様に、日々の人の営み、普通の暮らしであり、「人間らしさ」です。いうまでもなく戦争とは対極にあるものです。

　『みかんの丘』と『とうもろこしの島』は、旧ソヴィエト時代に独自の存在感を示したジョージア映画とは味わいが異なります。清新であり、今日的な内容、そして作りに感じられます。しかし2作品とも、ジョージアの文化と風土なくしては語れません、人間味があり、ユーモアに溢れ、寓話や昔話が好きな、まぎれもなくあのジョージア映画です。しかし世界の状況がより複雑に、より悪化していることを実感します。

　ギオルギ・オヴァシュヴィリ監督は、2016年春に会ったときに、アブハジアや南オセチアの紛争を、個人的な意見と断ったうえで、興味深い説明をしてくれました。

　「ソヴィエト連邦は、帝国主義的なシステムで成り立っていて、いついかなる時でも、そこに住む人々を簡単にコントロールすることが出来ました。これはもともとジョージア出身のスターリンが作ったシステムで、何事も独立して存在することはできず、あらゆるものが結びつけられ、依存しあうというシステムでした。

　例えば私がジョージアで自動車工場を経営するとしたら、シベリ

アからガラスを運び、カムチャッカからナットを運ぶというように、全ては組み合わされることによって成り立ち、そのシステムの一部にならない限り、人は暮らしてゆけませんでした。ソヴィエト連邦には15の共和国があり、その中でもジョージア、アゼルバイジャン、アルメニアのコーカサス3国は、このシステムに組み込まれることに最後まで反発していました。

ジョージアには、アブハジア、南オセチア、アチャラという三つの自治単位が作られています。アブハジアと南オセチアは、それぞれアブハズ人、オセット人が少数派だったのにもかかわらず、民族的な違いを理由に作られ、アチャラは民族的にはジョージア人ですが、ムスリムの人が多かったので宗教的な違いを理由に自治共和国が作られました。私見ですが、ソヴィエト連邦のシステムでは、ジョージア国内にアブハジア、南オセチア、アチャラという爆弾を埋めて、もしジョージア人たちが中央のクレムリンに対して刃向かったら、この爆弾を爆発させるのです。例えば中央政府はアブハジアのアブハズ人を扇動し、ジョージア人と対立させることによって支配するのです。実際、ソヴィエトが解体するとき、クレムリン、正確にいうとＫＧＢ（ソ連国家保安委員会）は、ジョージアという領土を失う事態に対して、アブハズ人を扇動して利用しました。

1991年、ジョージアが独立し、リーダーとなったのは急進的なガムサフルディアでした。その時期に国内で民族主義が高揚したことにも中央政府の操作が働いていて、ジョージアの民族主義が高まり、そのことにアブハズ人が反発して、しまいに衝突が起こるという、すでに出来ていたシナリオでした。しかし残念ながら私たちには、その罠にはまらないようにするための充分な知恵がありませんでした。そのためにジョージアはアブハジアと南オセチアという二つの地域を失ってしまったのです。

ジョージア映画の受難と再生　177

*129

現代ジョージア映画の視点

　レヴァン・トゥトベリゼ監督（1959〜）の『カラバフへの旅』*129（2005）は、若者たちが麻薬を手に入れようと、ジョージアからアゼルバイジャンのナゴルノカラバフへと、緊張が続く紛争地帯を旅するロードムービーでした。同監督の『モイラ』（2015）は、当時の厳しい社会を背景に、黒海沿岸の都市で兄弟の愛情を描いた人情劇です。マフィアの仕事を手伝ったために、彼らから追いつめられた弟を、兄が犠牲になって救うという任侠劇のような内容ですが、家族の離散も描かれています。私は主人公の兄弟に菅原文太と川谷拓三を重ねてしまいました。

　レヴァン・ザカレイシュヴィリ監督（1953〜2006）『トビリシ・トビリシ』（2005）は、トビリシ駅周辺で生活する人々のすさんだ日々が描かれています。賄賂、売春、アルコールや麻薬中毒、人々がおかれた絶望的な状況をリアルに知って、当時の私は、ジョージアのあまりの変わりように打ちのめされました。

　アレクサンドレ（アレコ）・ツァバゼ監督（1956〜）『ロシアの三角形』（2007）は、チェチェン戦争によって深く傷ついた人々の心と彼らの運命を描いています。

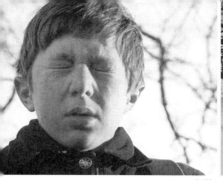 

*130　　　　　　　　　　　　　　　　　*131

　『とうもろこしの島』のギオルギ・オヴァシュヴィリ監督『向こう岸*130』（2009）は、アブハジア紛争を背景に、難民となった14歳の少年が危険を犯し、父親を探してアブハジアを旅する物語です。旅とともに破壊された街の風景、戦争がもたらした現実が描かれ、斜視の彼にときどき見えるアフリカの太陽が降りそそぐサバンナの風景、その幻が彼の切ない願いを表わして胸を打つ作品です。

　彼の最新作の『ヒブラ*131』（2017）は、ガムサフルディア大統領の最後の逃避行をテーマにしていると聞いていたので、政治的なメッセージが濃い作品かと思っていたら、政治的な要素は薄く、神話的ともいえる作りでした。ガムサフルディアという今でも人々の記憶に生々しく存在する人物が失墜し、逃げて追いつめられてゆく山中で、孤独な一人の人間に帰ってゆきます。そして自己と対話をするように周囲を見つめ直してゆきます。彼は雪中の厳しい山を修行僧のように彷徨うなか、いくつもの集落で住人の祖国への思い、祖国へのさまざまな歌と出会うことになります。いつしかガムサフルディアという人物をとおして、映画は観る者にこの国の苦難の歴史、人々の祖国を謳う愛、同時に政治権力という世界の不毛さ、危うさ、はかなさを伝えてきます。

　ガムサフルディアを支持する人はまだ多いようです。この映画で彼の過去を評価することは難しく、また映画もそれを望んでいません。この世から離れてゆくような、彼の存在感のなさが不思議でし

ジョージア映画の受難と再生

*132

*133

た。彼の心象が現実の厳しさを覆ってゆき、映画は詩の世界のなかに鎮まってゆくようでした。この作品のガムサフルディアの描写をめぐっては議論が起こるでしょうが、彼は人々の熱狂のなかで、すでに死んでいたのかもしれません。

レヴァン・コグアシュヴィリ監督（1973〜）のドキュメンタリー『ジョージアから来た女性たち*132』（2008）は、家族のためにアメリカに出稼ぎにでた女性たちの運命を描いています。

彼の『路上の日々*133』（2010）は、2000年代になっても、社会経済が低迷しているトビリシの人々を描いています。さびれた庶民の街で、男たちには仕事がなく、賄賂が横行し、アルコールや麻薬に子どもたちも巻き込まれてゆく厳しい現実が描かれていました。

次の『ブラインド・デート*134』（2013）では、40歳の独身教師の男が生徒の母親と恋に落ちますが、彼女には服役中の夫がいることを知り、その顛末が描かれます。よい人なのですが結婚できない男たちの心あたたまる悲喜劇です。メデア・ゴツィリゼ・児島さんの話では、1990年代のジョージアでは、10代で若くして結婚する人が増えた一方で、国の再建や生活のために婚期を逸した独身の人たちが多くいたとのことです。

ヴァノ・ブルドゥリ監督（1974〜）『紛争地帯』（2009）は、『カラバフへの旅』の続篇ともいえる内容で、紛争状態のような人間一人一人の心のなかを描いているといわれています。

*135

*134

　レゾ・ギギネイシュヴィリ監督の『人質たち』(2017) は、アブラゼ監督『懺悔』の項で述べましたが、1983年に実際にあった、ソ連邦から西欧へ脱出するために、若者たちが起こしたハイジャック事件を描いています。実際に大きな影響を社会に与えました。30年以上も隔てて、この事件を若い監督が真正面から検証しようとしたことに、ジョージアの映画人の真摯さを感じます。

　ザザ・ハルヴァシ監督[*135](1957〜) の『泉の少女ナメ[*136](原題『ナメ』)』(2017) からは、太古の声、森羅万象の声が聞こえ、超常的な世界を感じさせます。映像は詩的暗喩に満ちて、水墨画のように美しく、台詞は少なく、きわめて静謐な作品です。

　南ジョージアのアチャラ地方が舞台。大自然に包まれた村で先祖代々、病を癒す奇跡の泉を守り続けてきた家族の物語です。泉の儀式を司る老いた父親は、母親が急死したことを機に、娘のナメにその役を継がせようとします。息子は三人いますが、それぞれジョージア正教、イスラム教の聖職者、そして神話学者であり、土着の信仰から遠く離れてしまっていました。ナメは普通に生きることが出来ない自らの運命に葛藤します。ある日、川の上流のダム建設の影響で、泉の水が減り、汚れてしまい、古くからの泉の存続を考えざるをえない状況になります。ナメに決断の時が迫ってきます。

　冒頭の丸い器のなかの泉の主、魚を上から撮った映像は、陰陽の図を思い起こさせ、ナメの細くしなやかな立ち姿と重なります。ま

ジョージア映画の受難と再生　　181

＊136

た地、水、火、風の四大の存在も印象的に映されていて、神秘的、霊的な内面の世界への志向がつよく感じられます。今日の文明を築き、支えてきた宗教さえも凌駕するアニミズム的な古代の信仰や世界観を予感させます。人間と自然界や風土との深い関係、そして同時に環境破壊の問題も描くという意欲的な試みであり、今日の物質文明と現代人の精神に大きな問いかけをしています。

　ジョージアの主な宗教はキリスト教ですが、映画で描かれるアチャラ地方はイスラム教の人が多いと聞いています。その事実に加えて、もっと古代からの民間伝承や土着信仰をテーマにしたことは、とても新鮮でした。『とうもろこしの島』のオヴァシュヴィリ監督からも次回作はフォークロア伝説に着目していると聞いています。彼がいうには、ジョージアには森の邪悪な霊、狼男、幽霊や妖怪、魔女に関するとても豊かなフォークロアや「悪魔学」と呼ばれる分野があるそうです。ジョージア映画の新しい展開を予感させます。

　ジョージアは水が豊かなので、原子力発電は不要ですが、ダム建設のために、自然環境への悪影響も出てきているようです。『とうもろこしの島』で描かれた、毎年、川に出来る中州で耕作をするという風習が、上流に出来たダムのために水量が変わって、現在は中州が出来なくなっているそうです。

　余談になりますが、東京国際映画祭で来日したハルヴァシ監督と食事をする機会がありました。彼にタマダ、宴会の長をお願いする

と「今、ジョージアは大変な時期だが、みんなで力を合わせ、頑張って少しでも国をよくしていこう。ジョージアのために」といって乾杯しました。今でも続くジョージアの厳しさや、彼らの前向きの思いに、私は胸が熱くなりました。同じ場で、ハルヴァシ監督が10代の頃、『希望の樹』に出演していたことを私がいうと、美しいマリタ役のリカ・カヴジャラゼが2カ月前に亡くなったこと、そしてアブラゼ監督は自分の師だといっていました。さらに自分のベストワンは『ピロスマニ』だとも。この作品の聖性と静謐さはここからきているのかもしれません。

　ザザ・ウルシャゼ監督は現在、ジョージア映画アカデミーの代表です。『みかんの丘』で世界の注目を集めた後、2017年に『告白』と『アントン』を続けて発表しています。『告白』はエストニアとの合作。カヘティ地方の村に赴任した若い司祭とマリリン・モンローと呼ばれる女性とのほろ苦いコメディーです。『アントン』はウクライナとの合作。第1次世界大戦やロシア革命の激動を生きる二人の少年の物語です。いずれの作品も世界を意識してジョージア映画の新しい流れを作ろうとしているように思えます。

　旧世代の映画人も負けてはいません。ジョージア映画界の重鎮、エルダル・シェンゲラヤ監督は、実に24年ぶりに新作を発表しました。84歳にしての新作『葡萄畑に帰ろう』（原題『椅子』)』(2017) は、

ジョージア映画の受難と再生　　183

＊137　エルダル・シェンゲラヤ監督
＊137　脚本のギオルギ・ツフデヴィアニ

昔と変わらずに権力への鋭い風刺と上質なユーモアに溢れていて、人々への優しい視線も健在で、その若々しさにとても感銘を受けました。かつての名作『青い山』を彷彿とさせる作品です。

　難民対策の大臣になった主人公の男が、執務室に立派な椅子を購入します。なんと椅子は知性があって話すこともでき、なにかと男にちょっかいを出します。そして権力争いのなかで彼は失墜し財産を失ってゆきますが、さまざまな騒動の果てに崩壊していた家族を取り戻し、地位への確執から離れてカヘティ地方にある故郷の葡萄畑でジョージア人らしい生活と精神を取り戻すという物語です。

　エルダル監督の時代と社会に対する考察が、随所にユーモアとなって表われています。彼の持ち味が全開し、エネルギーに満ちていることに感動します。この作品では、家族の再生もテーマにされていますが、面白いことにアニメーションも駆使されていて、およそ100年前のサイレント映画、官僚を風刺した傑作コメディー『私のお祖母さん』で、アニメシーンが斬新に使われていたことを思い出し、内容をふくめてジョージア映画の伝統を感じさせます。

　映画のなかで主人公の息子がＤＶＤで映画を観るシーンがあり、そこに映る作品は往年の名作『ギオルギ・サアカゼ』と『ケトとコテ』でした。エルダル監督のジョージア映画への愛情が表われています。

　エルダル監督は、ジョージア映画人同盟の書記長を、ソヴィエト時代をつうじて2012年までの32年間務め、ジョージアの映画人の自由と権利のために闘い続けました。2001年に創設されたジョージア

国立フィルムセンターの発案者でもあります。しかしジョージア独立後は、国民と国の再建のために政治の世界で身を粉にして働いてきました。ガムサフルディア初代大統領の政策に反対し、その後、シェヴァルドナゼ新大統領の政権に参加して、国会の副議長まで務めましたが、2000年代に入ると汚職が蔓延するシェヴァルドナゼ体制を批判し、2003年の「バラ革命」を支持して政治活動を続けてきました。しかし2006年に愛する娘を亡くしたことを機に、政界からはいっさい離れたそうです。

『葡萄畑に帰ろう』には彼が政治の世界で見てきたポストをめぐる争いが反映されています。サアカシュヴィリ大統領が辞任したときの出来事を髣髴とさせるエピソードも織り込まれていました。エルダル監督の人生は時代に翻弄されましたが、ようやく映画が撮れるまでに彼も社会も少し落ち着いてきたということなのでしょうか。2017年暮れのトビリシ国際映画祭の会場で、エルダル監督からプレゼントだと包みを渡されました。ホテルで開いてみるとジョージアの大きな国旗でした。彼はやはり人生をジョージアの国と人々のために捧げる人だったのです。

女性監督の台頭

近年のジョージア映画は女性監督の活躍が際立っています。私には近年ジョージアで製作される作品のうち、半分以上が女性監督の作品に思えました。国立フィルムセンターのダヴィット・ヴァシャゼさんも同じように感じて、実際に数えてみたら約30%だったそうです。この2、3年に限ればもっと比率は高くなっているでしょう。女性の立場から、明確に1990年代以降のジョージア社会の問題を描

*138

*139 © Indiz Film UG, Polare Film LLC, Arizona Productions 2013

く作品は、世界の映画祭でも注目されて数々の賞を受賞しています。彼女たちの多くがドキュメンタリー映画から出発していますが、そこで育まれた現実の問題に対する観察眼の鋭さが、劇映画においては、優れた社会批評となって表れています。

　その先頭に立っているのは、ナナ・エクフティミシュヴィリ監督[*138]（1978〜）だと思います。彼女は、短篇『母を待つ』（2011）で評価を得て、ドイツ人のジモン・グロス監督（夫）と組んで、最初の長篇劇映画『花咲くころ[*139]（原題『長く明るい日々』）』（2013）を製作し、世界の映画祭で30もの賞に輝きました。高く賞讃された『花咲くころ』は、『みかんの丘』と『とうもろこしの島』より少し前の頃、1992年の春から初夏にかけて、トビリシを舞台に二人の少女、ともに14歳のエカとナティアの友情と成長をみずみずしく描いた作品です。

　1991年の独立後に起こった大統領派と反対派のトビリシ内戦と呼ばれる武力衝突は、大統領の逃走で一応収束しました。しかし南オセチアでは紛争が続き、アブハジアでは紛争が拡大しようとしています。エカの父親は刑務所に服役中、映画で理由は語られませんが、政治的な理由と思われます。ナティアの父親は自暴自棄になりアルコール中毒です。いずれも父親のために家庭内も不安定です。市街戦のきな臭さが残り、新たな戦争の不安が漂うなかで、社会には暴力が日常茶飯事となり、人々の心も刺々しくなるばかりでした。しかし14歳の二人の少女たちは春の日差しのようにのびやかです。に

*139　© Indiz Film UG, Polare Film LLC, Arizona Productions 2013

わか雨のなかを彼女たちが駆け抜けるシーンは草木の芽吹きのように、初々しく美しく、ルーマニアのカメラマン、オレグ・ムトゥの人々の日常をとらえた自在な映像が印象に残ります。彼の新鮮な映像はその後のジョージア映画に大きな影響を与えているといわれています。

　ナティアに恋する男が彼女を誘拐し、強引に結婚式をあげて、それがまかりとおる現実も描かれています。祝宴で酔っ払った男たちが白々しく「女性のために」と乾杯するなか、エカは突然、昔の街頭商人キントのシャラホを踊り始めます。その踊りは鮮烈であり、潔く、力づよく、社会の不正に挑むような凛凛しさまで感じます。その後、エカは全篇をとおして不安の要因の一つだったナティアの銃を沼に投げ捨てます。すなわちエカの行為からは、周囲の厳しい状況に対して、憎しみの連鎖を断ち切り、争いに終止符を打ち、未だに家父長制的な今日の社会を乗り越えようとする無言の決意が伝わってきます。

　エクフティミシュヴィリ監督は、自身の経験をもとに、戦争が日常化してゆくなかで、庶民のおかれた厳しい現実を描くとともに、その日常を変えてゆく人々の意志をエカに託して表わしています。さらにジョージア女性として、ジェンダーの視点も明確に入れることによって、ジョージア社会における意識の変革の必要性を訴えているのです。

ジョージア映画の受難と再生

*140

　第2作『私の幸せな家族』(2017) も高い評価を得ています。3世代が住む家で、長い間、一家を支えてきた50歳を越える女性が、突然荷物をまとめて家を出ると宣言したことから展開する家族の物語です。アメリカのサンダンス映画祭で注目され、次のベルリン国際映画祭ではインターネット配信のネットフリックスが国際配給権を買い、ジョージア国内では、世界のジョージア映画への関心が高まっている証といわれて評価されました。しかし一方で、ネットフリックスの独占契約ですから、日本の映画館では観ることができなくなったことがとても残念です。主人公の女性がようやく見つけた小さな部屋で、学生時代の古いギターの弦を張り替えて弾き語る歌の素晴らしさ。彼女の心情と、陽の光、にわか雨、窓から風にそよぐ木立をとらえた映像が、心地よく響き合います。人々へのやさしく慈しむような監督の眼差しをとおして、社会や人間関係に厳しく否を唱えるのではなく、少しずつ改善してゆこうとする思いが、観る者の心に染みいるように伝わってくる人間味ある作品です。終映後に思わず「ブラボー！」と叫んでしまいました。

　サロメ（ヌツァ）・アレクシ゠メスヒシュヴィリ監督（1966～）は、ラナ・ゴゴベリゼ監督の娘になります。ラナの『インタビュアー』、『転回』にも出演していました。彼女は、ジョージアの人たちが抱える現在の問題を女性の視点で描き出しています。『幸福』（2009）

*141 左から、ルスダン・チコニア監督、ガガ・チヘイゼ氏、ルスダン・ピルヴェリ監督

*142

は未見ですが、イタリアに出稼ぎにでて何年も帰れなかった女性と残された家族の運命を描いているそうです。

　ジョージアでの日本語通訳の先駆者メデア・ピルヴェリさんの娘、ルスダン・ピルヴェリ監督[*141]（1975〜）の『スサ[*142]』（2010）も心に残る作品です。貧しい一家を支えるためにウオッカの密売を手伝う少年スサの日々を描いています。彼の両親への思い、過酷な社会への思いが、彼の澄み切った美しい瞳をとおして、観る者の心に痛切に伝わってきます。彼の無言の怒りがいつまでも忘れられません。

　ルスダン・チコニア監督[*141]（1978〜）『微笑んで[*143]』（2012）は、テレビショー「ジョージアの母コンテスト」が舞台のドラマです。さまざまな境遇の子どもを抱えた母親たちが、優勝賞金を得るために競い合う日々を描きます。お会いしたチコリア監督は明るくエネルギッシュな方でした。男性社会の俗悪さを背景に、現代社会の空疎さ、女性たち一人一人が置かれている厳しく困難な人生を力づよく浮き彫りにします。彼女たちがひたむきに生きる姿に胸を打たれます。

　ティナティン・カジリシュヴィリ監督（1978〜）の『花嫁たち[*144]』（2013）は、夫が刑務所で服役している妻たちの物語です。ジョージアでは独立後の混乱をとおして、さまざまな理由で多くの人が服役しました。映画では、二人の幼い子どもを抱える若い女性と、10年の刑で服役中の夫が、心を踏みにじられ、夢を打ち砕かれて、社会の屈辱に耐えながら生きている姿を描いています。ここでは刑務

ジョージア映画の受難と再生　　189

*143　　　　　　　　　　*144

所は社会や人々の分断の象徴としてとらえられています。

　映画発展基金のガガ・チヘイゼさんが「ジョージアには刑務所への服役が物語にかかわっている作品が多い。これは私たちの社会が抱えている問題です」といっていたことを思い出します。カジリシュヴィリ監督は、2018年のベルリン国際映画祭で新作『地平線』を発表しました。

　テオナ・ムグヴデラゼ＝グレナデ監督（1977〜）の『兄弟』（2014）は1991年暮れの「トビリシ内戦」を背景にしています。戦火のなかで、ピアニストを志望する10歳の弟と社会が混乱するなかで悪事に染まってゆく17歳の兄を対比させながら、時代の悲劇を、監督自らの実体験をもとに描いています。

　ルスダン・グルルジゼ監督（1972〜）『他人の家*145』*146（2016）は、アブハジア紛争後を背景にしています。戦争を生き延びた勝者側の一家が、敗走して捨てられた山村の空き家をあてがわれます。家の家具からは以前の住人の生活がうかがえ、彼らが慈しんだ品々、そして土地が、一家の心をいつまでも受け入れようとはしません。また不思議な隣家の家族との交流をとおして、不毛な戦争がもたらした禍根、戦争が人々の心も壊し、いまだにその傷が癒えてないことを、静謐で幻想的な映像で描いています。

　ニノ・バシリア監督の『アナの暮らし*147』（2016）は、シングルマザーのアナが自閉症の息子との生活を改善しようと、アメリカへ移

*145

*146

住して働こうとします。官僚的な制度のなかでビザを得るために自宅を売り、その金を知らない男に渡したことから生活が暗転してゆく姿が描かれています。愛や理解など、優しい気持ちになる余裕のない厳しい社会で、困難な人生を強いられた女性の人生がリアルに描かれ、感銘を受けました。ここに欠如しているものが少しでもあればという思いが残ります。主役のエカテリネ・デメトラゼの演技の功績は大きく、ジョージアの俳優の層の厚さを感じます。

　そのほかにも、故郷であるスヴァネティ地方の厳しい自然を舞台に、ジェンダーの問題を問うマリアム・ハチヴァニ監督（1986〜）の『デデ』*148（2017）には心を揺さぶられます。コーカサスの山々にかこまれた村で、人々に強制された結婚に対して抗い、自由に愛することを望んだ女性の波乱の運命を描いた大変力づよい作品です。

　『みかんの丘』のザザ・ウルシャゼ監督の娘アナ・ウルシャゼ監督（1990〜）も、26歳にして『あぶないお母さん』*149（2017）で一躍注目を集めました。普通の中流家庭の母親が主人公です。彼女は家族に内緒で溢れ出る想像の世界を小説に書いていました。彼女の才能を信じて小説を出版しようとする書店主の一途さ、そのことを知った家族の動揺が描かれるとともに、母が抱えているトラウマも明かされてゆきます。アナ監督には未知のエネルギーを感じます。

　映画史家のケレセリゼさんによれば、ジョージアの女性監督はドキュメンタリー映画出身者が多く、厳しい現実を飾ることなく、女

ジョージア映画の受難と再生　　191

*147

*148

性の視点で描いて、観る人を伝統的な家父長制など、男性的秩序の世界から引きずりだし、これまで彼らが問われたことのない問いを投げかけています。主人公の女性たちは虐げられ、独りで問題に直面して絶望の淵に立たされますが、力をふりしぼり、屈することなく前に進んでいると語っていました。

ジョージア映画のアイデンティティ

　イオセリアーニ監督は1996年にこのようにいっています。
「ロシア革命の後、すべての階層の最良の人たちが粛清されました。しかしソ連邦が解体しても、権力者たちの本質は何も変わらず、同じような人が違う仮面をつけて再び登場しただけでした。今日私たちが体験していることも、昔から繰り返されてきたことです」
　ケレセリゼさんも、的確に当時の状況を語っています。少し長くなりますが引用することにします。
「ソ連邦崩壊後、ジョージア映画は過去のものとなってしまいました。ソ連がなくなるとともに、ジョージアも世界の映画地図から消えてしまったのです。1991年にジョージアは独立しました。しかし翌年にかけての政変、さらにそれに続く内戦、アブハジア紛争によって、国は取り返しがつかないほどに荒廃しました。映画人たち

＊149

も破壊的な影響を被りました。経済的に破綻し、精神的にも追い詰められた国で、イデオロギーの闘いは市場経済での生き残りの闘いに取って代わりました。映画製作の基盤は崩壊し、映画館は閉鎖され、売り払われ、配給網は消えてしまいました。映画は惰性で続いていたにすぎません。資金不足によって作品の製作は何年も長引き、芸術性は失われ、映画が扱うテーマや感情は、現実の社会に蔓延する雰囲気に支配されました。普遍的価値観や伝統的な繋がりの崩壊が起こり、そのことがもたらした混乱を描いた1990年代のジョージア映画の主要な特徴となったのは、無感情やニヒリズム、過去や現在に対する皮肉でした」（児島康宏訳）

　この言葉のとおり、ジョージアはソ連邦という重い覆いはなくなりましたが、独立後の約10年は、状況がよくなるどころか悪くなるばかりで、試練の道のりでした。ジョージアの映画人は、身にまとわりつくニヒリズムと格闘しながら、今ようやく新たな映画の歴史を刻もうとしているのです。まさにそういうなかで、序章で記したように、2004年の火災によってジョージアの劇映画のポジプリント、その全てが灰と化してしまいました。しかしジョージアの人々は、驚くほどの情熱と根気によって、かつての輝ける映画の歴史を記録として残し、状態は悪くても、さまざまな手立てを用いて、それらを鑑賞できる術を確保しようとしているようです。

　数年前のことですが、私のジョージアの友人たちは、ジョージア

ジョージア映画の受難と再生　　193

の文化は再生しつつありますが、デジタル文化が蔓延してゆくなかで、若者たちはジョージアの伝統文化への関心が薄くなっています。このままだと民族としての個性も失われていくのではないかと心配していました。それは日本の私たちにも同様の問題です。

　2009年のトビリシで、私が意見交換した映画人たちは、テレビなどの仕事で収入を得ながら、映画を製作していました。彼らがいうには、ジョージア映画の歴史は断たれ、自分たちにはかつての豊かな伝統や精神は失われている。だから今のジョージア人として、新しい存在理由を模索しているところだと語っていました。

　現代におけるジョージア映画のアイデンティティとは、いったい何なのでしょうか。グローバリズム、そしてインターネットによって、世界は狭く地球は小さくなりました。流通は地球を駆けめぐり、世界の都市には、お決まりのブランドが進出し、街は自分の顔を失くして、世界の均一化が進んでいます。その結果、街の顔だけではなく、映画の作りも似てきました。いうなれば、かつては世界の言語の数だけ、映画の作りも異なっていたのに、今や国や民族、風土が異なっても、作られる内容が似てきています。ジョージアも例外ではありません。現代のジョージア映画は、他国の資本協力をえて製作されることが多く、当然、その出資者からの要望も作品に影響を与えているに違いありません。

　一方で面白いことに、『とうもろこしの島』のオヴァシュヴィリ監督の作品は、社会的テーマや寓話的な作りなど、多分にジョージア的ですが、彼はあえて10カ国以上の国籍のスタッフ、キャストと一緒に映画を作ることを信条にしています。おそらく作品の普遍性をより高めるためでしょう。彼にジョージア映画の伝統について質問すると、「私はジョージア映画の伝統の中で育ってきたので、そこからは自由にはなれません。私はジョージア映画の一部です」と

いう答えが返ってきました。

　『花咲くころ』のエクフティミシュヴィリ監督も次のような発言をしています。「私はジョージア映画が好きです。ソ連時代に最も面白い映画はジョージア映画か、ジョージアを舞台にしたものでした。子どもの頃から、ジョージア映画ばかりを観て育ってきたので、私はそれらから影響を受けてきました。私だけではなく家族それぞれの人生の一部になっています。ジョージア人のみんながジョージア映画を好きなのです」

　頼もしいことに、彼らには、ジョージア人という意識がある限り、余計なことを心配しなくても大丈夫、その伝統をしっかりと受け継いでいるという、つよい自負があるように思えます。彼らが祖国を愛し、映画や自国の社会に対して真摯であるかぎり、故郷の葡萄のように、母なる大地の奥深くに根をおろし、太古から流れるジョージアという水脈から充分な養分をえているのです。

　ソヴィエト連邦時代におけるジョージア映画の民族的豊かさ、人間関係の濃密な味わいに対して、今日の彼らの映画には、1990年代の過酷な時代を経て、以前とは異なる、ある特殊な喪失感や寂寞とした悲しみが感じられます。ただし社会への批評精神は変わることなく健在であり、むしろつよまっています。「失われた世代」といわれる新しい世代の映画人たちは、執拗なほどに1990年代から今日に至るまでのジョージアの混乱を、自らの視点で確かめようとしています。そして社会や製作環境がしだいに安定してゆくなかで、人類の未来にも目を向けようとしているようです。

　時代のアイロニーなのでしょうか。グローバリズム、そしてインターネットの時代になっても、彼らはジョージアに立脚することによって、そのメッセージは世界の私たちの心によりリアルに届いてきます。ミクロの視点がマクロの視点になりうるのです。

ジョージア映画の受難と再生　　195

ジョージア映画のこれから

　2017年12月4日から10日まで行われた第18回トビリシ国際映画祭に参加しました。翌年に上映を控えているジョージア映画の準備のためでしたが、ジェネラルディレクターのガガ・チヘイゼさんから「今年はたくさんのジョージア映画の新作が見られる」という誘いに、映画人と交流を深めて、彼らの思いを知りたいと思ったのです。
　『私の幸せな家族』『泉の少女ナメ』『葡萄畑に帰ろう』等、高いクオリティーの作品が揃っていて期待どおりでした。多彩な作風で、いずれもよりよいものを作ろうとする意欲にあふれていました。欧米の映画が、閉塞した現代文明のなかで、追いつめられた精神の極限状況を刺激的に描いていることに対し、ジョージアの映画人はジョージアとジョージアの人々に向けて作るという気概が未だにあり、人間の喜びや悲しみ、自由への憧れなど、人間的な感情のあたたかみが失われてはいませんでした。そして驚いたことに、エルダル・シェンゲラヤ監督の『葡萄畑に帰ろう』が象徴するように、ラナ・ゴゴベリゼ監督、ケティ・ドリゼ監督、ラマズ・ホティヴァリ監督など、ソヴィエト時代の名匠たちが70、80歳代の高齢にもかかわらず2、30年ぶりに新作を作ろうと元気に製作現場に戻ってきています。彼らの黄金時代の作風が、現代社会を背景に蘇ろうとしているのです。ケティ・ドリゼ監督は『葡萄畑に帰ろう』上映後、私に「とうとうジョージア映画にユーモアと寓話、フィクションが帰ってきたのよ」と嬉しそうに話してくれました。
　1990年代の内戦、紛争の混乱のなかから誕生した「失われた世代」の監督たちが、国内の製作基盤が安定してゆくなか、数々の新作を

発表し、世界の注目を集め始めています。そこへ旧世代の「伝統」が新たに加わることによって、90年代の深い溝が埋められようとしているのです。2009年にジョージアを久しぶりに訪れたときには、人々の表情に悲壮感が漂い、街の痛々しい空気が心に残りました。しかしそれから訪れる度に、この国は変化していました。私は人々に大らかで楽天的な『歌うつぐみがおりました』的、人生を享楽する精神が戻ってきているように感じています。

　冬の木立に早春の芽吹きがおとずれるように、厳しく人間と社会を見つめた作品に、人間らしい温もりが感じられるようになりました。新世代の作品にもジョージアらしいユーモアや寓話性が生まれてきているのです。1990年代の両世代の「断絶」が解消されて、ジョージア映画はさらに新しい歴史を刻もうとしています。欧米の映画は行き場を失っているように思えます。私はこの混迷の時代になにを表現すべきかを考えたときに、ありのままの厳しさ、痛みを描くのではなく、「いまここにないもの」を描くことが重要だと考えています。「いまここにないもの」とは今日の社会の無機質さではなく、あたたかい血の温もりが感じられる人間性です。ですからジョージア人の日々の夢から生まれた映画に期待します。それはハリウッドの金銭の亡者たちの限りない欲望から作られた「虚像」ではなく、人間性への信頼から生まれた「実像」なのです。

　若い女性監督サロメヤ・バウエルさんに会いました。彼女は幼い頃、母親に連れられて内戦や紛争で混乱するジョージアから逃れて、ロシアへ移住しました。モスクワの映画大学でよい先生に恵まれて５年間、一所懸命勉強したそうです。しかしロシアでは表現に制約があり、名声や金儲けに関心がなかった彼女は、純粋に作りたい映画に打ちこむために数年前にジョージアへ帰ってきました。今のジョージアには商業主義に犯されずに、よりよい映画を作ろうとする

気運があるからです。彼女は「ジョージア人は必ずジョージアに帰る」という有名な言葉のとおりになりましたと笑います。そして詩的イメージに溢れた絵も描いている彼女は、ロシアで育ったためにジョージア語を話せませんが、今、『ヌクリはヌクリ』という鹿の角がはえた少年を主人公とする映画の製作に入ろうとしています。

　ジョージア人はつねに戦乱の時代を生きてきました。しかし民族的な誇りとともに、心に夢を失うことはありませんでした。だからこそ長い歳月を生き抜いてこられたのです。映画人も同様です。彼らは葛藤をしながらも、ジョージア人であること、人間であることから逃げようとはしませんでした。多くの映画人が一様に語っていたように、ジョージアは現在も混乱のさなかに置かれています。しかし彼らは文化や芸術の美しさをないがしろにする今日の社会に対して、映画をとおして闘いつづけています。

　特に女性監督たちの主張はつよく、ジョージアの社会に根づよくある家父長制に対して、女性の権利のために果敢に立ち向かっています。オヴァシュヴィリ監督やハルヴァシ監督などの男性監督は、ジョージア人の内面の世界観をより深く探求し、既成の考えをより広げようとする姿勢を見せています。

　ジョージア映画はこれから大きく発展してゆくに違いありません。彼らは、５年、10年とかかるかもしれないが、祈りつづけるならば、少しずつ願いは実現するといっていました。私は人々の未来、時の彼方への悠々とした明るい眼差しに感銘を受けるとともに、つよく励まされる思いがしました。

アフタンディル・ヴァラジによる絵コンテ（部分）

附録1　映画『放浪の画家ピロスマニ』について

　『放浪の画家ピロスマニ』がジョージア（グルジア）で製作されたのは、1969年のことです。西ヨーロッパで初めてのピロスマニ展がフランスのパリで開催された年にあたり、東西冷戦の最中でベトナム戦争が泥沼化し、フランスでは前年に5月革命がありました。当時、世界ではほとんど知られていなかった画家について、このように清冽、静謐にして高貴な映画を製作したギオルギ・シェンゲラヤ監督及び製作関係者の思いの深さと情熱に感動を覚えます。
　シェンゲラヤ監督は、まだ映画監督になる前の学生時代に、セル

ゲイ・エイゼンシュテイン監督の未亡人から1926年に出版されたキリル・ズダネヴィッチのピロスマニについて書かれた本を教えられて、彼への関心を深めていったとロシアの映画雑誌に紹介されていました。

　『ピロスマニ』は、日本では1978年秋に、日本海映画の配給によって岩波ホールで公開されましたが、それから40年近く経った今でも、当時の感動を忘れられずに語る方は多くいらっしゃいます。公開に際して画家の岡本太郎氏は「胸にジーンとくる映画だ。純粋な芸術家の運命とはこういうものだ」という言葉を寄せてくださいました。また映画評論家の岩崎昶氏は「高度に洗練され抑制された稀有な純真な作品」と評し「公開からそろそろ３年経つというのに、私はいまなおこの映画の磁力のとりこになっている」と熱く語っています。

　ただしその頃はピロスマニやジョージアに関する資料がまだ乏しく、映画の背景を充分に知る術がありませんでした。とはいえ今でもピロスマニについて語られることの多くは、彼の死後、遺された僅かな資料と知人たちの証言を元にしたものであり、確かなことは少ないのです。例えば彼は1862年に生まれ、1918年に亡くなったとされていますが、異なる意見がいくつもあります。また彼を内省的で暗い性格という人もいれば、陽気で明るかったという人もいます。シェンゲラヤ監督の息子で美術家のニクシャは「ジョージアには、ピロスマニを愛する人の数だけのピロスマニがいる」と語っていました。つまりこの映画もギオルギ・シェンゲラヤ監督のピロスマニ像であり、一般的な事実を踏まえてはいますが、彼の「創作」と考えてもよいのです。

　映画ではピロスマニが亡くなるまでの約40年がほぼ時系列に点描されます。おおまかに挙げると、（1）長く世話になった家を離れる。

（2）友人と店を営み、破綻する。（3）故郷の姉夫婦と仲違いする。（4）絵を描きながら居酒屋を転々とする。（5）女優マルガリータと出会う。と続き、所々に、晩年、彼の絵が若い芸術家たちに見出され、公に評価されるまでのエピソードが断続的に挿入されます。（5）以降の物語は、いったん中央の画壇で注目されますが、新聞で中傷されて傷つき、貧しく孤独のうちに亡くなる、という流れです。

　脚本に6カ月、撮影に7カ月、全体で1年半をかけて丁寧に製作されました。それぞれの人生のエピソードは断片のように置かれ、台詞は控えめで、シーンの数は少なく、前後の連続性は観る人の想像に委ねられています。映像はピロスマニの絵のスタイルにならって、人物は正面を向き、左右対称を意識した構図が中心になっています。特に彼の絵のように平板にするために、人物の動きも対面の会話も、前後ではなく、あえて左右にしてあります。

　このように映画は、ピロスマニの絵の特徴を尊重して静謐であり、抑制されてシンプルです。しかし一見素朴な表情をしていますが、それはよく考えられた末の姿形なのでしょう。余分なエピソードを極力そぎ落とし、ミニマルな内容、そして構成にすることによって、ピロスマニの絵のように味わい深く、普遍に近づこうとする作り手の思いが感じられます。

　撮影は、影のできにくい曇りの日や、午後の遅い時間を選んで少しずつ進めたそうです。観ていると、アグファカラーの青みがかった色調とあいまって、一人の画家の魂と運命が、心にしみいるように伝わってきます。私はピロスマニが絵を抱え、うつむいて歩く姿が忘れられません。一篇の美しい詩を読んだ後のように、清らかな思いがいつまでも心に残っています。シェンゲラヤ監督、およそ30歳にして彼の代表作となりました。

　特筆すべきは、ピロスマニを演じたアヴタンディル・ヴァラジで

す。彼は著名な芸術家で、この映画の美術担当でしたが、シェンゲラヤ監督に抜擢されたそうです。多くの候補者のなかから、演技経験のない彼がなぜ主役に選ばれたのか。監督が彼に求めたものは、静かな佇まい、素朴な人柄と声、それらが醸し出す人間的な味わいだったのでしょう。プロの役者のオーラはこの映画には不要でした。この映画に必要なものは、観る人の心をさすらい、過ぎてゆく天才画家のシルエットであり、それはヴァラジなしには考えられなかったのでしょう。

　「ピロスマニを見ることはジョージアを信じること」。ピロスマニの死後、彼を支持した作家グリゴル・ロバキゼが1922年に語った有名な言葉です。この言葉はピロスマニの絵だけではなく、この映画にもいえます。ジョージアが旧ソ連邦の１共和国だった頃、この国の映画には、モスクワの中央政府に対して、人々の民族の誇りと発揚がさまざまな形で表現されていました。特にこの映画にはジョージアの歴史や文化、風習の独自性が、丹念に描かれています。

　ジョージアはその後、抑えられたマグマが噴出したように民族的感情が高まり、1991年に独立しました。しかし同年末にソヴィエト連邦が解体した頃、強権をかざす初代大統領と反発する勢力の対立が、トビリシ内戦と呼ばれる激しい市街戦になりました。また国内のアブハジア自治共和国、南オセチアにおける分離・独立の紛争や、ロシアとの戦争も起こり、それらの対立の緊張は今も続いています。

　しかしジョージアの長い歴史を振り返れば、戦争による滅亡と再生の果てしない繰り返しでした。私はこのような厳しい状況のなか、今日まで独自の文化を守り続けてきたこの国の人々の強靭な精神に感嘆するとともに、その背景には、ピロスマニの絵に通じる「ジョージア的理想郷」ともいうべき、戦争とは相反する桃源郷のような世界への強いヴィジョンがあるように思えてなりません。

映画のシーンの背後には、しばしばピロスマニの絵が置かれ、彼の絵を知らない人にも作風がよくわかるように工夫されています。また彼の絵ではお馴染みとなったモチーフが映像の所々に配されていて、見つけたときは嬉しくなります。単独で画面いっぱいに挿入される絵は、小説でいえば章の冒頭のようにそのパートの内容を暗示しています。順番にあげますと、黒いバックに（1）『キリン』（2）『白牛』（3）『家族のピクニック』（4）『ライオン』（5）『復活祭の羊』、そして唯一白いバックに（6）『昇天』です。

　この映画の物語には、ピロスマニの半生にイエス・キリストの受難劇が見え隠れするように重ねられていて、シェンゲラヤ監督のピロスマニに対する崇敬の思いが感じられます。ジョージアは西暦337年、世界でアルメニアについで2番目にキリスト教を国教に定めた国です。人々の信仰は篤く、ピロスマニも信心深かったことが知られています。

　以下、映画に描かれた彼の人生と作品について、流れにそって記してゆきます。なお絵の題名は彼の死後、第三者がつけたものがほとんどであり、なかには不適切と思われるものもありますが、邦題は主に『ニコ・ピロスマニ』画集（文遊社）にならいました。

タイトル

　印象的なプロローグです。画面右上の森の白い教会へ向かう人たちの後姿を描いた絵が映り、清く澄んだ空気が感じられて、崇高な精神の世界へ分け入るように厳かな気持ちになります。

　ピロスマニは教会へ向かう人たちを多く絵にしていますが、この絵が彼のどの絵を使用したのか知りたくて、現在確認されている200点余りの作品をくまなく見ましたが、該当する絵を見つけられませんでした。最近、ようやくシェンゲラヤ家が所蔵していた絵で

映画『放浪の画家ピロスマニ』について　　203

あることがわかりましたが、現在グルジアで出版されている画集にも収録されていません。おそらく今は所在が不明になっているのでしょう。1991年以降、国内が混乱するなかで、人々は所有していたピロスマニの絵を生き延びるために手放したときいています。私はドイツ浪漫主義的な雰囲気があるこの作品に特に惹かれていて、いつか絵の全体像を知りたいと願っています。

　このカットで印象的なのは虫の鳴き声です。鈴虫でしょうか。この自然の音色がみずみずしく、導入のために素晴らしい効果になっています。音響効果は映画全体をとおして、生活音を中心に極力抑えられていて、ピロスマニの絵と同じように静寂の映画です。オルガンの曲はトビリシの人々に愛された古謡の旋律だと監督は語っていました。

カランタロフ家を出る

　一般的な説では、ピロスマニは1862年（5月5日）、ロシア帝政下の東ジョージア、カヘティ地方にあるミルザアニの貧しい農家に生まれました。父はアスラン、母はテクレ・トクリカシュヴィリ。兄ギオルギと姉二人、マリアムとペペがいたといわれています。

　幼い頃に兄と両親を次々と亡くし、母の遺言によって、彼一人だけ、地主であるアルメニア出身の裕福なカランタロフ家にひきとられて、一家とともに都会のチフリス（現在の首都トビリシ）に出てきます。チフリスは5世紀半ばに作られた歴史ある街。晩年に彼は「私はカヘティ人だ。8歳で孤児になり、それからはチフリスに住んでいる」と語っていました。

　冒頭、カランタロフ家の屋敷にさまざまな観葉植物が置かれています。南国のイメージです。部屋でピロスマニが新約聖書の一節を読み、隣の部屋で家の娘がそれを聞いています。マタイによる福音

書第21章「エルサレムに迎えられる」第1節から11節です。ピロスマニの「受難」がプロローグで早くも暗示されます。「……町中がさわぎたち一体どなただろうといった」というピロスマニの声の後に『キリン*1』が映ります。キリンの孤高な立ち姿にピロスマニの姿が重なります。以降、この絵はピロスマニの魂の象徴のように数回出てきます。

　一家と交わされる会話の背景には、○彼の母が亡くなる直前、家の夫人に「ニカラ（ピロスマニの愛称）のことをよろしく」と言い残したこと○姉のペペが故郷ミルザアニで生涯を送ったこと○彼が同家の年上の未亡人エリザベトに恋文をかき、それが騒ぎとなって家を出たこと、これらのことが事実としてあります。このシーンは1880年代初頭のことでしょう。

川を渡る

　この川は、おそらくチフリスの中央を流れるムトゥクヴァリ川（クラ川）であり、ディドベ地区にあった渡し船の様子を再現しています。カランタロフ家は川の右岸にあり、このシーンは、ピロスマニがこれからの人生の主な舞台となる左岸に渡る姿を描いています。岸辺に立つ赤い服の男は『赤シャッツの漁師*2』、渡し船は『ディドベの渡し船*3』の絵を想起させます。

見出されたピロスマニの絵

　ジョージアを語るのにワインは欠かせません。ピロスマニの故郷

映画『放浪の画家ピロスマニ』について　　205

*3

といわれるカヘティ地方には一面に葡萄畑が広がり、ユネスコの無形文化遺産にも登録されたクヴェヴリという土甕を利用する独特の醸造法で、数多くの種類のワインが作られています。葡萄もワインもこの地域で発祥し、8000年の歴史があると、人々はとても誇りにしていて、伝統ある宴会やポリフォニー（多声音楽）とともにジョージア映画には必須のアイテムです。

　また本作の主要な舞台となる場所は、庶民向けの食堂と居酒屋を兼ねたドゥカニと呼ばれる店であり、現在も街中には数多くあります。多くが半地下にあって薄暗く、間口が狭くて、奥ゆきがあり、昔から男たちは昼間から集まって、ジョージアならではの酒宴を催しています。店の場所は、ムトゥクヴァリ川下流のオルタチャラ地区にあった遊興場の設定ではないでしょうか。二人の客人は画家キリル・ズダネヴィッチとフランス人画家ミハイル・ル・ダンチュと考えられます。しかし事実は1912年、母方がジョージア人の詩人イリヤとキリルの兄弟、そしてダンチュの三人が、チフリス駅近くのドゥカニでピロスマニの絵、おそらく日露戦争を描いた絵を発見したのが作品との出会いでした。

　その後の事実としては、感動した彼らは街中のピロスマニの絵を見て回り、芸術家仲間に紹介、翌1913年3月13日、モスクワでひらかれた前衛美術展「標的」に4作品を出品し、一躍ピロスマニは画壇の注目を浴びることになります。

　この映画で彼らが最初に見たピロスマニの絵は『キリン』。2度目の登場です。

*4
*5

ピロスマニの絵が飾られた部屋

　オルタチャラのドゥカニ「エルドラド」には、ピロスマニの絵が多く飾られていました。ここの主人ティティチェフにピロスマニは長い間世話になり、庭の倉庫に居候して1カ月間に30点もの絵を描いたといわれています。暗い部屋でランプをかざして絵を見るシーンはどのようにして撮影したのでしょうか。ピンスポットのような別の照明を絵にあてているのではないかと思います。ランプの明かりに、絵のモチーフが内側から光を発するように浮かび上がっています。この描写にピロスマニの絵がもつ魅力が表されています。ピロスマニの描く人物や動物の多くは、闇の中で内なる光を発しているように描かれます。壁に飾られた『歩く牝鹿[*4]』はその典型です。つづいて『食堂の前の馬車』『オルタチャラの美女』『水辺の鹿の親子』『月夜の熊[*5]』が映し出されます。

ディミトリの家そして乳製品の店

　冒頭に『白牛[*6]』。ピロスマニが知人と始めた乳製品をあつかう商売の顛末が描かれます。白い牛とともに歩くピロスマニ。同郷のディミトリ・アルキシュヴィリに「3年も旅暮らし。汽車の仕事にもあきた」という台詞のとおり、ピロスマニは1890年4月にザカフカス鉄道の職について全国を回りますが、身体をこわすことが多く、1994年には馘同然で辞めます。そして貯めた金と友人の援助をもとにして、ディミトリと乳製品の店を開きました。

映画『放浪の画家ピロスマニ』について　　207

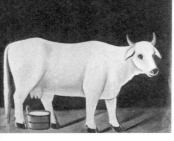

　当初、店は繁盛したようですが、ピロスマニは気持ちのむらが激しく、仕事も怠けがちで、ディミトリとはうまくいかず、店を閉じることになりました。ピロスマニは、住まいである店の2階に乾し草を敷いて、仕事をしないで絵を描いていることが多かったといいます。店の看板として描いた『白牛*6』と『黒水牛*7』を見ると、その頃には彼の絵の世界が確立されていたことがわかります。彼はその頃から絵のスタイルがぶれることがありませんでした。

　店を閉じるシーンは秀逸です*8。中央におかれた白い壁の店が、書割のように平面的で不思議な印象です。カメラの角度なら店の奥行きが見えるはずなのに見えません。シェンゲラヤ監督はこの店を、旧約聖書のノアが住む小さな家をイメージしたといっていました。神に選ばれた人、ノアの箱舟にのる動物たちに、ピロスマニが描いた動物の絵の数々が重なります。

　ピロスマニは左の奥へ、絵を買った町人は右へ歩みます。ピロスマニが世間の人とは異なる道を歩むことが示されます。

ミルザアニの結婚式

　商売でお金ができたピロスマニは、ミルザアニに住む姉のペペのために家を建て、ミシンなど高価なものを贈っていました。これらの品々は、現在もカヘティの記念館で見ることができます。そのために姉夫婦もピロスマニが金持ちになったと勘違いしたようです。その誤解のために、しばらくすると両者の関係は疎遠になり、ピロスマニはチフリスでいっそう孤独な生活を送るようになったといわ

*8　　　　　　　　　　　　　　　　　　　　　　　　*9『4人の町人の宴』

れています。1890年代後半のことでしょう。

　結婚式のシーン。ジョージアのスプラと呼ばれる宴会が描かれます。タマダという宴会の長がいて、酒宴の進行を司ります。詩心があり弁舌巧みで大酒飲み、皆から尊敬される人が選ばれます。タマダの乾杯の辞に従って、盃を交わし、宴は延々と続きます。そしてしばらくすると素晴らしい合唱、ジョージアの伝統あるポリフォニーやダンスが始まります。映画の宴会のテーブルはピロスマニの絵を模した構図です。前面には人を置かず、中央の下にティキというワインが入った皮の袋が置かれています。ジョージアの踊りは、男性は勇壮で、競い合うように激しく、躍動感があり、女性は対照的に、白鳥が水面をゆく姿のように優美で気品があり、静かな動きで舞います。このシーンはピロスマニの『カルトゥリ地方の教会の祝日』や『カヘティ地方の伝統的結婚式』を元にしていると思われます。

ドゥカニからドゥカニへ

　冒頭に『家族のピクニック』の絵。この絵の左端に描かれた男は、ドゥカニの主人ベゴ・ヤキエフといわれています。彼は1905年から1910年頃まで、宿も身寄りもないピロスマニの面倒をなにかとみていました。この映画でもピロスマニの大切な三人の友人のうちの一人として登場しています。絵の右で魚を持つ男はピロスマニといわれています。この絵はドゥカニからドゥカニへと渡り歩くことになる彼のこれからの人生を暗示しています。

映画『放浪の画家ピロスマニ』について　　　209

*10
*11

　ピロスマニは乳製品の店を閉じてからは、日々の酒やパンと引き換えに、店の看板や壁に飾る絵を描くようになり、住まいを転々とするようになりました。彼には寝られる場所さえあればどこでもよかったのです。これらのドゥカニのシーンをとおして、酒を飲み、絵を描き、もの思いにふけるピロスマニの日々が印象づけられます。ドゥカニの主人たちは衣食住の世話だけでなく画材も援助していました。彼が使っていた絵の具はイギリスなど外国製の高価なものが多かったようです。

　ベゴたち三人と語る「タマル女王」について。タマル女王は12〜13世紀、ジョージアが歴史上最も栄えた時代の女王です。領土はカフカス地方全域に広がり、多くの美しい教会とともにアカデミーも建設されて、経済だけではなく学術や芸術も発展しました。

　この時代の宮廷詩人ショタ・ルスタヴェリの叙事詩『豹皮の騎士』は、ジョージアの人々にとって民族の礎ともいえる大切な書物で、聖書のように大切にされています。現在でもタマル女王と詩聖ルスタヴェリはジョージア人の誇りであり、心の支柱です。ピロスマニは最晩年、画家ラド・グディアシュヴィリに「タマル女王はジョージアの母、ルスタヴェリはジョージアの栄光であり、私はこの二人を切り離して考えられない」と語っていました。

　彼らの会話の背景となる伝説を記しておきましょう。タマル女王の死後、遺言によって四つの棺が作られ、一つは女王の遺体、他の三つに宝物が納められ、忠誠を誓った16人の騎士たちによって、それぞれ安全な場所に隠されました。騎士たちは秘密を厳守するため

に自害したといわれます。今も棺の置かれた場所はわかっていません。

　ピロスマニの友人、ベゴ、ヴァノ、コラは、グルジア庶民の友愛の精神を表し、これからもいくつかのシーンで登場します。ピロスマニはいつもヨーロッパ風の身なりをしていて誇り高いことから、人々に「伯爵」と揶揄される一方で、近しい人からは「ニカラ」と愛称で呼ばれて好かれていました。友人たちの「彼の手からは悪ではなく善がでてきた」「彼の胸には天使が宿っている」という言葉が伝えられています。

　ドゥカニの壁に飾られた絵は、最初の店では『隠者ギオルギ』、次の店では『ショタ・ルスタヴェリ[11]』、『水を運ぶ農婦と子供たち』、『青いドレスの少女』です。

　ピロスマニは絵を描きあげるのがとても早く、たいていは３、４時間もあれば充分でした。彼は普段、黒いキャンバス（馬の背にかける牛の革といわれています）か、厚紙の上に、基本的に４、５色の原色の絵具を使って、最小限の作業で完成させていました。絵を描いている間はとても気難しかったといわれています。彼がキャンバスを広げて描き始めると、物見高い人たちが集まり、彼が筆を走らす度に歓声を上げたそうですが、もし注文をつけたりすれば、たちまち不機嫌になって、いなくなってしまったという逸話がいくつもあります。

チフリスの通りで

　ピロスマニが『裕福なキントの息子』の絵を小脇に抱えて、『カヘティのワイン・カルデナビ[12]』の看板を掲げた店から出てきます。ここでは当時のチフリスの賑やかな商いの様子が再現されています。立飲み屋には『冷やしたビール[13]』の看板絵が見えます。ちなみにグ

映画『放浪の画家ピロスマニ』について　　211

*12
*13

ルジアはワインだけではなく、ビールもなかなかの美味です。この頃には街のあちこちにピロスマニの絵が飾られていて、通りはさながら彼のギャラリーになっていたのではないでしょうか。

　ピロスマニの入ったドゥカニには、彼の絵でお馴染みの熊が剥製にして飾られ、壁には『牝山羊』と『アレクサンドル・ガラノフの肖像』が懸けられています。ここの主人はマスヒシュヴィリでしょうか。彼の証言では、映画の台詞のように「ぶらぶらするのはもう止して、私の所にくれば仕事がある。給料を払い、部屋も服もあり、週に1回は風呂にはいれ、毎日1パイントの酒も飲める。平穏に暮して、暇な時に絵を描いたらいい」とピロスマニに薦めたら、彼は「鎖をつけられるのは嫌いだ」とあっさり断ったと伝えられています。

大きな絵を描くピロスマニ
　この絵は『グヴィムラゼ家の酒宴』[*14]。絵はほかに見かけられないほど、描き足しが目立ち、珍しく人物のそばには、それぞれの実名も書かれていて、完成するまでになんだか複雑な経緯が想像されます。現在の絵は左端が切られたものであることがわかっています。

女優マルガリータとの出会い
　場所はオルタチャラだと思います。広い庭には『ロバの橋』で描かれたような宴会風景が広がっています。ピロスマニに声をかける赤いドレスの女性は『ビールジョッキを持つ女』[*15]の絵を思わせます。

*14　　　　　　　　　　*15　　　　　*16

　彼はオルタチャラで働く女性たちを繰り返し描いていて、どの絵にも彼の優しい思いがこめられていますが、特に娼婦たちを描いた絵は心を揺さぶります。

　レストランのステージでは、フランスから来た女優マルガリータが踊っていて、後年「百万本のバラ」で歌われた両者の交流が暗示されます。記録によると彼女がグルジアを訪れたのは1905年のこと。しかし二人の間にどのような交際があったのか、確かなことはわかっていません。伝えられていることは、彼の死後、ドゥカニの主人パピアシュヴィリがいった「ニカラはフランスの女性を愛していた」という証言だけです。この逸話については後日談があり、1969年にパリで開催されたピロスマニ展にマルガリータ本人が現れて、自分の絵の前に立ち、当時は彼の愛がわからなかったと語っていたといわれています。

　ピロスマニとマルガリータの愛を描いた作品は、小説、詩、歌、演劇やミュージカルなど、いくつもありますが、この映画ではほとんど語られず、暗示に留めています。この簡潔さは潔いと思います。マルガリータの踊りを眺めるピロスマニと、その後の彼女を描いた『女優マルガリータ*16』の絵、その絵について語るドゥカニの主人のひと言だけです。観る人の想像に全て委ねています。普通の映画でしたら、ここに物語の中心を置いて劇的に描くのが常道でしょう。この有名な逸話の抑制された扱いに、この映画全体への製作姿勢が象徴されています。

映画『放浪の画家ピロスマニ』について　　213

ベゴのドゥカニで

　冒頭に『ライオン』[*17]の絵。ピロスマニの高貴な魂の象徴でしょうか。ジョージア人が1番好きな絵だときいたことがあります。ここでは放浪と孤独の日々を送るなかで、彼の心情を表した印象深い台詞が語られます。「この酒をどう飲もうか。チビチビやり命を引きずるか、一気に飲み干し最期を早めるか」。そして彼はしまいに酔いつぶれてしまいます。彼の酒に依存するイメージはいくつもの証言もあり、すっかり定着していますが、それは違うという意見も根強くあります。彼が生涯に1000点以上の絵を描いたことを考えれば、毎日、寸暇を惜しむように絵を描いていたことになります。もし大酒飲みだったらあの精緻な筆遣いはとうてい無理でしょう。

　このドゥカニは、前述のピロスマニと長く交流があった友人ベゴ・ヤキエフの店です。ベゴの証言では、ピロスマニに家庭をもてと進言したら、ピロスマニは「私は一人で生まれて一人で死んでゆく。人は生まれた時に何を持ってきて、死ぬ時に何を持ってゆくというのか。私は死を恐れない。人生は短いものだ」と答えたといいます。シェンゲラヤ監督の友人でもあるオタール・イオセリアーニ監督は、2016年秋の来日時に、この言葉を引用して人生を語っていました。それほどジョージア人には知られている言葉なのでしょう。

　ベゴの後ろに飾られた絵は『敵からジョージアを救うギオルギ・サアカゼ』。左側の壁には『小鹿のいる風景』『脱穀場』『白熊』。

　酔いつぶれたピロスマニの左に『小鹿のいる風景』[*18]が懸っています。この小鹿のあどけない純粋な瞳は、ピロスマニの心を表しているといわれています。画家グディアシュヴィリも「ピロスマニの描く動物は人間の眼をしている。というよりもピロスマニの眼そのものである」と語っています。シェンゲラヤ監督はこの絵がとりわけ好きなようです。映画大学在学中に、最初のピロスマニをテーマに

*17
*18
*19

した映画を作ったそうですが、その作品はこの小鹿の瞳のアップで終わるときいたことがあります。37年前、私が初めてジョージアを訪れた時も、彼はわざわざこの絵を背景にして記念写真を撮ってくれました。

　次のドゥカニで、ピロスマニを探す画家たちが見るのは『女優マルガリータ』と『草上の宴』。その次のドゥカニでは、ピロスマニと友人がタマル女王の墓の話をする背景に『ショタ・ルスタヴェリとタマル女王*19』が懸かっています。

ジョージア芸術家協会に招かれる

　1916年5月25日、ピロスマニはジョージア芸術家協会に招かれます。その前の5月5日に、画家キリル・ズダネヴィッチのアトリエで１日だけのピロスマニ展がひらかれ、約80人の来場者があり新聞でも評判になっていました。この協会で司会をする人は作家グリゴル・ロバキゼでしょうか。ピロスマニをめぐって議論があるなか、ロバキゼはピロスマニを熱心に擁護しました。この会でピロスマニは有名なスピーチをします。

　「兄弟たち、私たちには必要なものがある。街の中心の、誰からも近いところに、みんなが集える大きな木の家を建てましょう。大きなテーブルと大きなサモワールを買って、お茶をたくさん飲みながら、絵や芸術のことを語り合うのです」

　この「大きな木の家」への夢は映画の前半、ディミトリを訪ねるシーンでも語られていましたが、ピロスマニの絵の本質を表す言葉

映画『放浪の画家ピロスマニ』について　　215

*20 　　　　　*21 　　　　　*22 　　　　　*23 　　　　　*24

として私は受け取っています。画家グディアシュヴィリがこの時のピロスマニの様子を記しています。「背が高く、灰黒色の背広を着た痩せた男。黒い帽子、黒いシャッツにズボン。しかし彼の眼は優しさに満ちている」。この時に撮られた肖像写真が、現在、画集等でよく使われています。

　ここで映る絵は3度目の登場となる『キリン』。『野兎を捕えた鷲[*20]』の絵が印象的です。血にまみれた野兎がピロスマニのように思え、これからの厳しい運命を暗示するかのようです。ほかに『イースターエッグを持つ女』『運搬人のソソ[*21]』『外套を着た羊飼い』が見えます。

少年時代の回想

　前述のように、東ジョージアのカヘティ地方は葡萄の産地として知られ、ワインは有名です。このカヘティの野を駆ける少年は子ども時代のピロスマニ。対照的な白と黒の羊飼いと羊は、ピロスマニの絵における2元論的なヴィジョンを表しているのでしょう。笛を吹く黒い牧夫は『外套を着た牧夫』、少年の姿は『食事を運ぶ少年[*22]』を模しています。葡萄を摘む女性と少年は『農婦と息子[*23]』＝母親とピロスマニ、男と少年は『農夫と息子[*24]』＝父親とピロスマニを表し、葡萄を踏む赤いシャツの男は『収穫祭』の左端部分とそっくりです。貧しくても両親が健在で、幸福だった彼の少年期を表しています。

　ミルザアニ村の姉夫婦とは仲違いをしましたが、亡くなる3、4年前に関係は修復していたようです。チフリスからときどき来ては

＊25　　　　　　＊26　　　　　　＊27　　　　　　　＊28

絵を描いて、村人たちに贈っていたといいます。姉の家の壁に多くの絵が懸けられていますが、必ずしもこの村で描かれた絵ではありません。『チフリスのケーブルカー』『オルガン弾き』『赤い風船の少女』[*25]『驢馬に乗った少年』[*26]など。

　ここでかつてピロスマニが破談にした相手の女性と道で出会います。彼女が子どもを連れて歩く姿は『水を運ぶ農婦と子どもたち』[*27]を想起させます。

　姉のペペにも五人の子ども、かつての許婚にも五人の子どもがいます。ここで思い浮かべるのは『子どものいない金持ちと子供のいる貧しい女』。金持ちの夫婦と三人の子どものいる貧しい女を左右に対照的に描いた絵です。大昔から絶え間なく戦争の憂き目にあってきたジョージアでは、子どもはかけがえのない宝。ピロスマニも子どもを見かけるととても可愛がりました。

　ピロスマニはこの頃、大切にしていた黒いノートを姉に預けたようですが、彼の死後、姉はそれを捨ててしまったようです。ノートには絵のプランや詩が書きつけてあったといいます。もし事実ならばそのノートの失われたことが残念でなりません。

村の農作業から大きな教会の祭りへ

　ピロスマニが脱穀場を通ります。彼はこのシーンにそっくりの風景画『脱穀場』[*28]を何点も描いています。また続く教会の祭のシーンは、『カヘティの叙事詩』や『ボルニシの聖ギオルギ祭』など、彼の大作を連想させます。この教会はカヘティ地方にあるアラヴェル

映画『放浪の画家ピロスマニ』について　　217

*29

ディ大聖堂であり、シェンゲラヤ監督がこよなく愛する6世紀に建立された寺院です。

　ピロスマニは春の復活祭、秋の収穫祭に特別な思いをよせていて、その祭にちなんだ絵を好んで描いていました。復活祭とは、イエス・キリストの復活を記念するキリスト教の祝祭。春分から数えて最初の満月の後にくる日曜日。寒い冬から暖かい春の訪れを喜ぶ生命再生の祭が背景にあるといわれています。収穫祭はジョージア人にとって大切な葡萄の収穫を祝う祭です。それらを描いた彼の絵からは、彼が深く夢見たであろう「内なるグルジア」ともいうべき世界への憧れとともに、祝祭的で真にプリミティヴな絵がもつ力を感じます。当時、ある批評家はピロスマニの絵を「太古からの未知の力」と評していました。

　教会の方へ向かう人たちや、その周囲で祝う人たち。ピロスマニの後姿に映画冒頭の絵のイメージが重なります。盗人に身ぐるみ剥がれる男の姿が印象的に描かれますが、『カヘティの叙事詩[*29]』や『ボルニシの聖ギオルギ祭』の絵でお馴染みのモチーフです。ピロスマニの最晩年の運命を暗示しています。

通りを歩くピロスマニ
　1914年に勃発した第1次世界大戦は、ジョージアにも大きな影響を及ぼしました。オスマン帝国との戦いの最前線になり、戦火を逃れた避難民が多くチフリスにやってきました。一方でロシア革命への気運も高まり、社会は混乱、経済は疲弊し、ピロスマニの生活の

舞台だったドゥカニも店を閉めて、画材を調達できない日々が続いたようです。人気のないベゴのドゥカニがそれを象徴しています。

新聞の中傷

　そのような状況のなかで、前述のように1916年5月25日、ピロスマニはジョージア芸術家協会に呼ばれて一躍脚光を浴びました。既に紹介した彼の有名な発言はこの会でされたものです。「兄弟たち、……街の中心の、誰からも近いところに、……」。また今日知られている肖像写真もこの日に撮影されました。

　しかしその後の7月10日、地元のサハルホプルツェリ紙にピロスマニを茶化した戯画が掲載されて、彼は傷つき、周囲からもからかわれ、人前から姿を消してゆきます。

　戯画には彼を擁護していた作家ロバキゼらしい人がボロをまとったピロスマニに「兄弟よ、勉強しなさい。君の歳でもまだ大丈夫。あと10年か20年したらいい絵描きになれるよ。そうしたら若手の展覧会に紹介してあげよう」といっています。しかし最近、この戯画はロバキゼに向けられたものだったという説があります。

　ここでピロスマニが三人の友人に語る台詞は、ディミトリの夫人に語った「私は聖ギオルギを信じる。夜、彼はずっと枕元にいて、ニカラ、恐れるなという。そして朝になればひとりでに手が絵を描き始める」、ザジアシュヴィリの夫人に語った「私は彼らに何も望んでいない。彼らが私のためにしたいといってきたのだ。その彼らが新聞で私をからかう。これからはまた以前のように生きてゆく」

映画『放浪の画家ピロスマニ』について　　219

*31

という言葉を背景にしたものです。聖ギオルギはジョージアの守護聖人。馬に乗って竜を退治する姿で知られています。

晩年の住まいで

　ここはチフリスの駅前通り、現在は「ピロスマニ通り」になっていますが、当時は「モロカン通り」の29番地。ピロスマニは晩年をここで過ごし、現在、この場所にはピロスマニ記念館があります。1917年夏、後に高名な画家となるグディアシュヴィリが訪ね、映画のセットの元になったスケッチを2枚残しています。グディアシュヴィリは「ピロスマニ氏は以前よりさらに貧しく、身体を壊し、見違えるように衰えていた。頭や手を震わせ、独り言をいって、物忘れもひどくなっていた。子供たちは哀れな画家をからかって路上で彼に石を投げたりしたが、彼の創作への情熱は失われてはいなかった」と語っていました。

　このシーンの後、通りでかつて店を共同で開いたディミトリと出会います。ピロスマニはディミトリの娘の名付け親になっていましたが、ここではその娘が幼くして亡くなったことを知らされます。実際、このことで彼は自分をずいぶん責めていたといわれています。

復活祭そして死

　『復活祭の羊』。ピロスマニは1918年の春、復活祭の日に亡くなったといわれていましたが、今日ではいくつかの異説があり、なかには没年を翌1919年とする研究者もいます。また最晩年の場所も映画

*30

*32

で描かれた住まい、今は記念館のある場所とされてきましたが、実はその狭い場所にもお金がないためにいることができず、亡くなる前の半年間、つまり寒い冬を、その奥の中庭にある吹きさらしの穴のような場所で暮らしていました。

　復活祭のオルタチャラ。店にやってくる馬車が、看板『白亭』の馬車に似ています。庭園での酒宴では、ひとつのテーブルの中央に『庭番』のような人、別のテーブルには『風船を持つ少女』がいます。ピロスマニが部屋に閉じ込められて描いた絵は、『ボルニシの聖ギオルギ祭[*31]』で、左右が２・６メートルあります。ピロスマニにはモニュメンタルな志向がもともとあります。このようなパノラマ的大作を１、２週間部屋にこもって、何点も書き上げていました。現在見られる１番大きな絵は『カヘティの叙事詩』で、左右５・３メートルもあります。この悲痛ともいえるシーンで描かれたエピソードは監督の創作でしょう。

　冒頭に『昇天[*32]』。この絵の背景だけは、黒ではなく白です。一般的な説では、復活祭の日、隣に住んでいた靴職人アルチル・マイスラゼが重病のピロスマニを発見し、知人が病院に運んで１日半後に亡くなったといわれています。しかし映画では、馬車で乗りつけた使者のような男が彼をどこかへ連れてゆきます。ピロスマニの台詞がいい。「何をしている」という問いに、「死ぬところだ」という極めて簡潔な答え。

　このシーンから、ピロスマニがかつて語った「私は一人で生まれ、一人で死ぬ」という言葉を思い出します。また『昇天』の絵から類

映画『放浪の画家ピロスマニ』について　　221

推して、馬車の男は天からの使いともとれます。ここでふたたび映画冒頭の絵、森の白い教会へ歩む男の後ろ姿を思います。ピロスマニは天国へ向かったのです。

（『放浪の画家ピロスマニ』プログラム、2015より転載・加筆）

附録2　**内なるジョージア**　イオセリアーニ監督と画家ピロスマニ

　故郷を離れることはジョージア（グルジア）人にとって1番つらいことだといわれています。彼らのいう故郷は私たちとは異なる意味で特別なものです。1979年に、オタール・イオセリアーニ監督がジョージアを離れてフランスに移ったときもさぞかし辛かったことでしょう。さらに彼にとって永遠であったはずの故郷が変わり果ててしまったら、言葉にはならないほどの苦しみになるのではないでしょうか。新作『汽車はふたたび故郷へ』を見ながらそのようなことを考えていました。

　かつてジョージアがソ連邦の1共和国であった時代に、この国の人々は口々に悲願である独立への思いを熱く語っていました。しかし1991年の独立後、内戦や紛争がおこり、国家存亡の危機に直面しました。当時、私はイオセリアーニ監督の『唯一、ゲオルギア（ジョージア）』（1994）をビデオで見る機会がありました。言葉はわからなかったのですが、ジョージアの歴史・文化をタイムカプセルのように封じ込めた映像をとおして、彼の悲しみが喪失感とともに強烈に伝わってきました。

　先般来日したイオセリアーニ監督は「近頃、自分がピロスマニに似てきたように思う」と語っていました。ピロスマニは20世紀初頭に亡くなったジョージアの放浪画家であり、今や民族の魂を象徴す

223

るといわれています。私も別の意味なのかも知れませんが、新作を
見終わって、イオセリアーニ監督をそのように思いました。なぜで
しょうか。

　イオセリアーニ監督の前作『ここに幸あり』(2007) には、この
新作を予感させるものがありました。この前作の底辺からは、彼が
関わったふたつの土地、故郷ジョージアと流亡先のフランスに引き
裂かれた魂のきしみのようなものが感じられます。

　フランスが舞台ではありますが、ジョージアのシンボルが刻みつ
けたように随所におかれています。イオセリアーニの演ずる男が路
上に描いている絵は、ジョージアの守護神である聖ギオルギが竜を
退治する姿。主人公がとりわけ大切にしているものは「黒水牛」と
「白牛」のピロスマニの複製画。そして酒場にいる黒い背広のピロ
スマニを思わせる人物、彼はあろうことか、無垢な眼をした動物や、
乾杯をする人々の絵ではなく、いつも武器の絵を描いています。こ
の世界にはもはやピロスマニはいないということでしょうか。

　この映画は見ているうちに、描かれている舞台がフランスなのか、
ジョージアなのか、だんだんわからなくなってきます。自分は国籍
にとらわれてはいないということなのでしょうか。とはいうものの
まだこの頃は、イオセリアーニ監督にはつのる望郷の思いがあり、
彼がその気になればいつでも帰ってゆける故郷ジョージアがありま
した。

　しかし新作『汽車はふたたび故郷へ*1』でつよく感じたことは、も
うこの世界にイオセリアーニ監督の帰る故郷はないということです。
ジョージアはもはやかつてのジョージアではありません。この作品
には故郷喪失の大きな空虚があります。彼は永遠に異邦人であり、
さすらい人となってしまいました。ジョージアは20年前の内戦から
今日に至るまでに、厳しい試練を何度も経てこなければなりません

*1 © 2010 Pierre Grise Productions

でした。映画の終盤、ジョージアに帰ってきた主人公を迎えるように都市の新旧のビル群が映されます。かつてのビルは骸骨のような廃墟となり、新しいビルは冷たく無機質にそびえたっています。人気のないこの荒れ果てた風景が失われたものの大きさを象徴しています。

そのような状況におかれてイオセリアーニ監督は「この地上の人たちはみな不幸だ」「自由になることなどありえない」「幸福な世界はどこにも見つからない」と厭世的な発言を繰り返しながらも、登場人物にくまなく優しい視線をそそぐことを忘れていません。

新作では少なくとも10数年の歳月が流れていると考えてもおかしくはありません。それなのに主人公をはじめ人々が歳をとらないのはなぜなのでしょう。イオセリアーニ監督は美しいものを愛し、よき夢を見ようとします。彼が讃美するかのドン・キホーテのように——。人はよき夢を見つづけるかぎり、竜宮城にいるように歳をとらないのでしょうか。

イオセリアーニ監督はユーモアを介して世界を受容します。「希望はどこにもないが、心のなかにいつもある」と語り、絶望に対して挫けません。歌をくちずさみ、口笛を吹けるかぎりは。酒を楽しみ、詩や哲学を語れるかぎりは。まさに映画の原題の『Chantrapas（除外された人）』は「屈しない人」でもあるといっていました。厭世と希望はアンビヴァレンスのように見えますが、実はそうではあ

内なるジョージア　　225

りません。彼とピロスマニにとっては同一のものなのです。

　新作ではピロスマニの『庭番*2』と『驢馬にのった医者*3』の絵が主人公のパリの部屋にかけてありました。ここで『庭番』の絵が使われていることは興味深いことです。『庭番』はつよい存在感のある絵です。厳しい生活をうかがわせながらも眼光は鋭く、この人物からは孤高な印象を受けます。『Chantrapas（除外された人＝屈しない人）』を表した絵にもとれます。

　ピロスマニは20世紀初頭の第1次大戦からロシア革命へと激しく揺れ動く時代に、画家としての矜持を失わず、孤独な晩年を送り、貧窮のうちに亡くなりました。絵の純真さ、背景にある人間性への信頼とは裏腹に、その人生は過酷なものであったに違いありません。

　ピロスマニは人々にむかって「街の真ん中に、みなが集える大きな木の家を建てて、お茶を飲み、語りあいましょう」と呼びかけたことがあります。当時、この言葉はほとんど相手にされませんでしたが、ここで語られた「大きな木の家」という言葉の背景には、多くのジョージア人が拠りどころにするヴィジョンがあります。それは権力や金にとらわれることなく、大地の愛に包まれて、人や動物が仲よく暮し、あの独特のポリフォニーが歌われ、酒宴のやむことがないジョージア的理想郷です。このヴィジョンがある限り、イオセリアーニ監督もピロスマニと同じようにジョージア人としての誇りをけっして失うことはないでしょう。

　さて、『汽車はふたたび故郷へ』には「故郷」のほかに、イオセリアーニ監督にとってもう一つの失われてゆく世界が描かれています。それはフィルムによる映画製作です。現在、映画のシステムはアナログ（プリント）からデジタル（データ）へと急速に移行しています。これから先、この映画のように、人とプリント＝フィルムの格闘するシーンが撮影されることはないでしょう。「フィルムを切

る」という言葉は死語になるかもしれません。映画で描かれた撮影所風景も過去のものになるのかもしれません。経済や効率がなによりも優先されるなかで、映画はいつまで夢でありつづけられるのでしょうか。

　今やイオセリアーニ監督にとって、故郷ジョージアは、彼のなかで「内なるジョージア」というヴィジョンに変容しました。そしておそらく「映画」もそのなかに含まれています。しかしイオセリアーニ監督、そしてピロスマニの大切にしていたものは、時の流れとともに過ぎていってよいものではありません。私たちにとってもかけがえのないものではなかったでしょうか。

　おそらくこの映画のラストシーン、人魚が主人公の青年をいざなってゆく水の彼方に、彼の愛する「ジョージア」であり「映画」があるのでしょう。それらは永遠なる世界におかれて、星のように光を放っています。さらに人魚とは現実には存在しない伝説や神話の生き物ではありますが、そのために私たちの彷徨える魂にとってはより「真実」です。あたかも希望、あるいは見果てぬ夢のように。

　イオセリアーニ監督の「自分がピロスマニに似てきた」という言葉から、私はとめどもなくこのように想像し、新作『汽車はふたたび故郷へ』からは、不毛な現代社会における芸術家としての良心が感じられました。これまで彼が喪失したものについて書きすぎたようです。なぜならば映画からはこのような声もきこえてきます——

内なるジョージア　　227

たとえ大切なものを失っても、振り返ってばかりはいられません。
なぜならば人の営みは未来へ綿々と続くのだから、と。彼のゆった
りとした作風のなかから垣間見える真摯な思いは、現在の日本がお
かれている状況とも重なり、震災、原発事故と修復不能とも思える
災害のなかで、もがき苦しむ私たちの心に、不思議なことに優しく
しみいってくるのです。

　　　　（『汽車はふたたび故郷へ』プログラム、2012より転載・加筆）

終章　今日の映画と世界

　私は映画の仕事をしているにもかかわらず、子どもの頃から、映
画館の暗がりから出ると気分が悪くなり、その不快感がなくなるま
でに、ずいぶんと時間がかかります。スクリーンに映し出された映
画の世界から日常生活への切り替えがうまくできずに、しばらくぼ
んやりしてしまうのです。スクリーンの幻影にとらわれすぎるので
しょう。その「病」が高じて、ちょうど40年前、映画『ピロスマニ』
をとおして、スクリーンの向こう側、画家ピロスマニとジョージア
の世界へ行ったきり、帰ってこられなくなってしまいました。
　映画という虚構の仕事に携わるせいでしょうか、私は人間を夢見
る生きものと考えるようになりました。夢のうえに夢を見て、幻の
うえに幻を築いて、人は生きているのです。夢や幻がなければ、人
は先へ歩むことはなかったかもしれません。けっして欲望だけでは
なかったはずです。そして映画は、人を夢のまた向こうへ連れてい
ってくれるものでした。映画は、映画館の暗がりで、スクリーンに
映ることによって生命をふきこまれます。これは黒いキャンバスに
絵を描いた画家ピロスマニの技法に通じています。谷崎潤一郎の
「陰影礼讃」を引くまでもありませんが、光るものは暗いなかでは
存在を主張します。しかし白昼のなかでは、その光は失われます。
ピロスマニが描く人物や動物、静物も、黒いキャンバスに描かれて

こそ、聖なる光を放つのです。映画もピロスマニの絵のように、明るみではその生命を半減させてしまいます。

　かつて人は映画館で1本の映画を多くの人とともに鑑賞することによって、日々の活力を得てきました。映画はその非日常性において、現代における聖なるものであり、銀行が寺社、教会にとって代わる時代に、映画館はアジール（聖なる場所）でもありました。しかし今日の社会において、日常から暗がりが駆逐され、聖性が失われてゆくように、映画も映画館もなくなる運命なのかもしれません。

　映画が20世紀の芸術だったと過去形で語られるようになりました。かつて映画は、ほかの芸術と同じように「生きもの」でした。私たち映画人は「生きもの」を扱うように映画と接してきました。しかし営利主義への偏りのなかで、映画はコンテンツと呼ばれ、商売の道具になってしまいました。私はこの頃の映画が「小さく」なり、「血がかよわないもの」になっていると感じています。

　私たちの文明の欲望には限りがありません。これからの映画は、物理的にもスマートフォンの小さな画面に合わせて作られるので、映像はクローズアップが主流になり、趣が異なるものになってゆくでしょう。そのうちに人の手を介さずに映画が作られるかもしれませんし、この「進歩」を止めることは、もはや不可能かもしれません。しかし時代の流れに抗う気持ちを失ないたくはありません。

　映画は第7の芸術といわれたように、演劇、絵画、文学、音楽など、本来、多元的な芸術分野から生まれた「終局的」な総合芸術、さまざまな視点で語ることができる奥の深い芸術でした。私はかつての映画の「大きさ」を思います。そこには人間や世界の真実に迫ろうとする意欲と、意見を闘わし、切磋琢磨する作り手たちの個性がありました。

　ジョージア映画『デドゥナ』の冬の野にそびえる裸の樹木、『ピ

ロスマニ』の石畳に響く重い足音、『希望の樹』の気のふれた女の笑顔などを思い起こします。これらのものには真実がありました。

今日の映画はどれも上手に作られていますが、その多くが後まで心に残ることはありません。主流の映画は、テレビドラマのように起承転結がはっきりしてわかりやすく、さっぱりと完結して後味は快いのですが、映画はそのようなタイプだけではないはずです。ある日本の監督が、主演が人気俳優であり、原作がよく売れていないと企画は通らないといっていました。今や映画も「ポピュリズム」の時代です。ヒットすればよい作品と評価されます。映画祭の受賞結果も心から納得することが少なくなりました。作り手たちのアイデア競技で、映画をより高め、深めようとする意欲は失われ、映画は「痩せて」生気を失っているように思えます。

映画の観客も変わりました。以前は映画に「未知」のものを求めていましたが、近年は「既知」のものを求めています。そして立派な作品でも「わからない。難しい」、「嫌い」と切り捨てられることが多くなり、映画は軽く扱われるようになりました。しかし、これらの現象には映画の仕事に携わる私たちに大きな責任があります。

ジョージア映画からは今でもマーケット、商業性よりも、表現したい、より優れた作品を作りたいという気負いが感じられます。その作品の多くは観客の心に、すぐには言葉にならない余韻を残してゆきます。かつてのヨーロッパ映画のように、私たちは投げかけられた余韻をしばらく味わい、それを言葉にするために考えなければなりません。確かにジョージア人のためにという意識があるせいか、この国の事情を知らないとなかなか理解しにくい部分もありますが、それが外国映画の魅力でもあるはずです。

『ミンヨン 倍音の法則』（2014）の佐々木昭一郎監督が、興味深い話をしていました。「物語には、ある抽象性がないと駄目だと思う。

抽象性があれば、観客は観ながら考えるのです。観客に自分の頭で考えてもらわなければ、物語は深まりません。作品というのは何もかも与えてしまったら、つまらない。ヒナ鳥に餌をあげる親鳥みたいな役割なんて、面白くもなんともありません」

　知らないことや見えないものがあることによって、人の知性や想像力は養われてきました。今日、デジタル技術の「進歩」に反比例するように、人の感性や想像力は「退化」しているように思えます。「進歩」が速すぎるためもあるのでしょうが、４Ｋや８Ｋなどの映像は精密すぎて、人の自然な能力を越えるので人は受け身になってしまいます。これは今日の社会全般にいえることですが、周囲の情報量があまりに多すぎるのです。

　フィルム映像は、人間の視覚と同じように、ピントが合っていない曖昧な部分は、観る人がそのまま受け入れるか、想像を拡げることによって、映像に感情移入できました。人間に近い視野で、撮る側と観る側の思いの重なるスリルが、デジタルに増してありました。

　人と風土、そして表現の問題は、今日の大きな問題です。近年のグローバリズムやインターネットによって、人間と風土の関係は薄くなり、世界中、人も社会も均一化の方向へ向かっています。

　一方で、民族や国家の回復が語られ、一部の人たちは肌の色や宗教の違いに存在理由を見出そうとしています。そして不寛容な心を持つようになり、民族主義や国家主義に走っています。その結果、世界の紛争は拡散し、分断と対立が深まり、現在、私たちは極めて不安定な状況に置かれています。

　インドの詩人ラビンドラナート・タゴールに「多様さを認識しなさい。そうすれば一つになれる」という言葉があります。私は40年前、画家ピロスマニに出会ったときに「ピロスマニを見ることは、ジョージアを信じること」という言葉を教えられましたが、ジョー

ジアだけではなく世界の芸術の質は、その民族や風土なしには考えられません。民族や風土の多様性の彼方には、世界の誰もがそれぞれ独自の人間であるという点で同じ、普遍的な事実が拡がっています。アブラゼ監督が、映画がより民族的であるほど、より普遍なものになると信じていたこと。韓国のイム・グオンテク監督も「民族の心を深めるほど、世界に繋がってゆく」と語っていたことをふたたび思い起こします。

　ジョージアの文化は民族的であるとともに、歴史的に外に対しては開かれていました。ジョージア映画の重鎮、エルダル・シェンゲラヤ監督の新作『葡萄畑に帰ろう』では、政府の要職にいた主人公が、ポスト争いに愛想がつき、大騒動のあげくに、カヘティ地方の葡萄畑に住まいを移して、壊れた家族関係を再生させようとします。ふりそそぐ太陽のもと、主人公が反対していた娘の黒人の婚約者を受け入れて、子や孫たちとともにいるラストシーン。ここには国の運命とともに長く困難な日々を送ってきたシェンゲラヤ監督の確かなメッセージがこめられています。

　ジョージア映画は時代や社会、そして自らの民族と人間性にいつも真摯に対峙してきました。これからも代謝を繰り返して、時代の悪しき流れに対してその独自性を示してゆくに違いありません。

　ロシアの女性詩人ベラ・アフマドゥーリナによる詩の一説です。

　グルジアの夢、これは喜びである／明けがた、口にひろがる／葡萄の甘みは／なんと純粋なことであろう／わたしはなにも惜しいとは思わない／わたしはなにも欲しくない／金色に輝くスヴェティツホヴェリ寺院で／貧しい一本のろうそくを立てられるなら／ムツヘタの小さな石に／わたしは讃辞を送り、名誉を与えたい

（水野忠夫訳）

2016年5月13日のことでした。私はトビリシの映画館で児島康宏

さんとともに、映画史家のマリナ・ケレセリゼさんに初めてお会いしました。前年に『放浪の画家ピロスマニ』を再上映したときに、ギオルギ・シェンゲラヤ監督の紹介で、ケレセリゼさんにプログラムの原稿をお願いしましたが、その文章にこめられた彼女のジョージア映画への愛情に胸を打たれ、ぜひお目にかかりたかったのです。

　私は彼女にジョージア映画の旧作を上映したい、そのためにアドバイスをいただきたいと伝え、知る限りの作品名をあげて、ケレセリゼさんを見ると、彼女は眼に涙を浮かべていたのです。「遠い日本からきて、ジョージア映画を上映したいといってくれる人がいるなんて、考えもしなかった。とても嬉しい」といっていました。

　その言葉を聞いて、私は長くジョージア映画に関わってきましたが、まだこの国の映画についてほとんど知らないことを痛感し、もっと手を尽くしてジョージア映画について勉強しなければならないと思うようになりました。そしてこの日から私のジョージア映画への旅が始まったのです。

　24歳の頃にピロスマニとジョージアに魅せられ、それからいつの間にか時は過ぎ、人生には限りがあると真剣に考え始めたのは50歳を越えてからでした。そして私の人生とはなんだったのかと思い惑う私を救ってくれたのは、画家ピロスマニの存在でした。

　私は「ここにないもの」に憧れてこの年齢まで生きてきました。夢を追いかけることが、私にとってなによりも人間的な真実でした。夢はかなえられない。だからいつまでも美しいのです。私たちはいつも果てしない夢への途上にいるのです。そのことを私はピロスマニとジョージア、そしてこの国の映画から学びました。

　ジョージアはアジアとヨーロッパそれぞれの果てにあり、その意味では辺境の国かもしれません。確かに地理的には遠い国です。し

かしそれゆえに私にとって普遍の国でもあるのです。

　ジョージアにとりつかれ、この国の映画の魅力を知り、わずかな資料をもとにして少しずつ記してきました。そしてこの国を訪れては見聞きしたことを記してきました。私としては力を尽くしたつもりですが、もとより批評家や評論家ではありません。拙い文章、貧しい内容であることは否めません。しかし、このような本でも大切な最初の一歩であるという自負はあります。本書をステップにして、ジョージア映画に関心をもつ人が生まれるならば、私にとってそれにまさる喜びはありません。

　本書を書くにあたって、多くの方々に大変お世話になりました。ジョージア在住の言語学者、児島康宏さんの協力なくしては、この本はありえません。最大の謝意を表したいと思います。そしてジョージアの映画人、ジョージアの友人たちにも心から感謝します。

　小倉みさ子さんにはフランス語の膨大な資料を訳してもらいました。北川誠一さんにはソヴィエト時代の映画資料を提供してもらいました。出版に際しては未知谷の飯島徹さんに極めてマイナーな企画にもかかわらず快く引き受けていただき、伊藤伸恵さんにも多大な苦労をおかけしました。みなさんのご厚意に心から感謝します。最後にジョージアに傾倒する私を応援してくれた亡き高野悦子と岩波雄二郎社長、そして岩波ホールで長い歳月をともに働いてきたこれまでのすべてのスタッフに感謝します。またこの本を私がジョージアと出会って40年、岩波ホール創立50周年、ジョージア独立100年、ピロスマニ没後100年、ジョージア映画誕生110年の年に出版できたことを大変嬉しく思っています。

2018年3月
はらだ たけひで

年表

1895年　12月28日、フランス・パリでリュミエール兄弟による世界初の映画上映。

1896年　11月16日、ジョージアのチフリス（トビリシ）で初の映画上映。

1908年　ジョージアで初の映画撮影。

1909年　トビリシの映画館、アポロ劇場がオープン。

1912年　ジョージア初のドキュメンタリー『アカキ・ツェレテリのラチャ・レチフミへの旅』。

1914年　第1次世界大戦起こる。

1915年　7月10日、作家ヴァジャ・プシャヴェラ死す。

1917年　二月革命、十月革命。ロシア帝国崩壊。激しい勢力闘争。

1918年　4月、画家ニコ・ピロスマニ死す。
　　　　5月26日、メンシェヴィキ（社会民主労働党）によってジョージア民主共和国が誕生。第1次世界大戦終わる。
　　　　ジョージア初の劇映画『クリスティネ』。

1921年　2月25日、ボルシェヴィキの侵攻を受け、ジョージア民主共和国は崩壊。ソヴィエト政権下に置かれる。
　　　　『アルセナ・ジョルジアシュヴィリ』

1922年　ゴスキノ（国家映画委員会）が設立される。
　　　　12月13日、ジョージアはアルメニア、アゼルバイジャンとともにザカフカスソヴィエト連邦社会主義共和国になる。
　　　　「ジョージア問題」起こる。
　　　　12月30日、ソヴィエト社会主義共和国連邦が成立。
　　　　『スラミ砦の伝説』

1923年　ゴスキノがゴスキンプロム（国立映画産業）・ジョージアに。
　　　　撮影スタジオが完成。『赤い小悪魔』

1924年　レーニン死す。『三人の人生』

1926年　『サマニシュヴィリの継母』

1928年　『エリソ』

1929年　『私のお祖母さん』、『サバ』

1930年　『スヴァネティの塩』、『ブバ』

1932年　初のトーキー映画『シャキリ』

1933年　『26人のコミッサール』

1934年　第1回ソヴィエト作家同盟大会で形式主義批判。『最後の仮面舞踏会』

1936年　12月5日、ザカフカス連邦から、ジョージア共和国になる。

1937年　大粛清が行われる。『失われた楽園』、『アルセナ』

1939年　第2次世界大戦起こる。

1941年　6月22日、独ソ戦始まる。

1943年　『ギオルギ・サアカゼ』

1944年　『ジュルガイの楯』

1945年　第2次世界大戦終わる。

1946年　『ダヴィト・グラミシュヴィリ』

1948年　『ケトとコテ』

1953年　スターリン死す。ベリヤ処刑される。

1954年　ゴスキンプロム・ジョージアからジョージア・フィルムに変わり、郊外のディゴミに移る。

1955年　『青い目のロバ』がカンヌ国際映画祭短篇部門グランプリを受賞。

1956年　2月、第20回大会においてフルシチョフによるスターリン批判が行われる。
3月9日、スターリン批判に対するジョージア民衆による大規模なデモで多数の死者（第1次トビリシ事件）。10月、ハンガリー事変。『わが団地』

1958年　ジョージアに記録映画スタジオ「メマティアネ」が設立される。
『他人の子どもたち』

1962年　『アラヴェルドバ』、『四月』、『僕とおばあさんとイリコとイラリオン』

1963年　『白いキャラバン』

1964年　『兵士の父』、『結婚』

1966年　『落葉』、『マツィ・フヴィティア』

1967年　『大いなる緑の谷』、『祈り』、『傘』

1968年　ジョージア・テレビ局が設立される。『奇妙な展覧会』、『気にするな』

1969年　『ピロスマニ』、『音楽家たち』

1970年　『歌うつぐみがおりました』、『チェルメン』

1971年　『クヴェヴリ』

1972年	シェヴァルドナゼ、ジョージア共産党彩第1書記に就任。
	『苗木』、『あなたの手のあたたかさ』
1973年	『奇人たち』、『ヴェラ地区のメロディー』
1974年	トビリシ演劇大学に映画学科が開設される。
1975年	『田園詩』、『最初のツバメ』
1976年	『希望の樹』、『アナラの町』、『トゥシェティの牧人』
1977年	『サマニシュヴィリの継母』、『ダタ・トゥタシヒア』、『生きている伝説』
1978年	4月14日、新憲法草案に対するジョージア民衆による大規模なデモ。
	『インタビュアー』、『19世紀ジョージアの年代記』
	9月15日、日本で『ピロスマニ』公開（岩波ホール）。
1979年	『イメレティのスケッチ』
1980年	『雀の渡り』、『ソポトへの旅』
1981年	『泳ぐ人』、『家路』
1983年	『青い山──本当らしくない本当の話』、『春は去る』
1984年	『スラミ砦の伝説』、『懺悔』、『若き作曲家の旅』
1985年	3月、ゴルバチョフ書記長誕生。シェヴァルドナゼが外相に就任。
	ペレストロイカ、グラスノスチ始まる。
	『デドゥナ』、『ナイロンのクリスマスツリー』
1986年	『ロビンソナーダ』、『転回』、『ステップ』
1987年	5月、『懺悔』がカンヌ国際祭映画審査員特別大賞受賞、『ロビンソナーダ』がカンヌ国際映画祭最優秀新人監督賞受賞。
	『ハレバとゴギア』、『マエストロ』
1988年	『アシク・ケリブ』
1989年	4月9日、ジョージア民衆に対してソ連軍が発砲し、多くの市民が死亡。
	民衆による大規模なデモ（第2次トビリシ事件）。
	選挙でガムサフルディアの円卓会議が勝利。
	南オセチアとジョージアの対立が深刻化。
	11月9日、ベルリンの壁が崩壊。
1991年	4月9日、ジョージアは独立を宣言。
	5月、ガムサフルディアが初代大統領になる。
	12月21日、ソ連邦が解体。
	12月22日、内戦が勃発、トビリシで市街戦になる（トビリシ内戦）。

1992年	1月6日、ガムサフルディアがジョージアを脱出。
	南オセチア、アブハジアの紛争が激化。
	7月23日、アブハジアが独立を宣言。ジョージア軍と武力衝突になる。
	10月11日、シェヴァルドナゼが国家代表に就任。
1993年	9月19日、ガムサフルディア派が蜂起。
	9月27日、アブハジアがスフミを占領、ジョージア軍に勝利する。
	12月31日、ガムサフルディアがヒブラ村で死す。
1994年	5月15日、ジョージア政府、アブハジアと停戦合意。
	『唯一、ゲオルギア』
1995年	シェヴァルドナゼ、大統領に就任。
1996年	『群盗、第7章』
2000年	トビリシ国際映画祭が始まる。
2001年	ジョージア国立フィルムセンターが設立される。
2003年	11月23日、バラ革命起こる。
2004年	1月、サアカシュヴィリが大統領に就任。
	ビル火災によって、保管していたジョージアの劇映画のポジプリント、
	そのすべてを焼失する。
2005年	ジョージア映画発展基金が設立される。『トビリシ・トビリシ』
2008年	8月7日、南オセチアをめぐり、ロシアと戦争が起こる。『三軒の家』
2009年	『向こう岸』
2010年	『路上の日々』、『汽車はふたたび故郷へ』
2012年	10月、サアカシュヴィリ、選挙に敗北。『微笑んで』、『兄弟』
2013年	ジョージア映画人同盟がジョージア映画アカデミーに改称。
	『みかんの丘』、『花咲くころ』、『ブラインド・デート』、『花嫁たち』
2014年	『とうもろこしの島』
2015年	『モイラ』、『皆さま、ごきげんよう』
2016年	『他人の家』、『アナの暮らし』
2017年	『泉の少女ナメ』、『ヒブラ』、『私の幸せな家族』、『あぶないお母さん』
	『葡萄畑に帰ろう』

本書におけるジョージア映画の監督と作品

ヴァシル・アマシュケリ 『アカキ・ツェレテリのラチャ・レチフミへの旅』
(1912)

アレクサンドレ・ツツナヴァ 『クリスティネ』(1918)、『誰の責任か』(1925)、
『グリアの反乱』(1928)

イヴァネ・ペレスティアニ 『アルセナ・ジョルジアシュヴィリ』(1921)、『ス
ラミ要塞』(1922)、『赤い小悪魔』(1923)、『三人の人生』(1924)、『二人
の友人』(1937)

ニコロズ・シェンゲラヤ 『ギウリ』(1927)、『エリソ』(1928)、『26人のコミ
ッサール』(1933)、『オレンジの谷』(1937)、『黒い山々で』(1941)、『彼
はまた戻る』(1943)

ミヘイル・チアウレリ 『サバ』(1929)、『ハバルダ』(1931)、『最後の仮面舞
踏会』(1934)、『アルセナ』(1937)、『ギオルギ・サアカゼ』(1943)、『誓
い』(1946)、『ベルリン陥落』(1950)、『オタルの未亡人』(1957)、『若い
娘の物語』(1960)、『あなたは私が見たものを見られない』(1965)

コンスタンティネ（コテ）・マルジャニシュヴィリ 『嵐の前』(1924)、『サマ
ニシュヴィリの継母』(1926)

コンスタンティネ（コテ）・ミカベリゼ 『私のお祖母さん』(1929)、『遅すぎ
た婚約者』(1939)、『前哨』(1941)

ミヘイル・カラトジシュヴィリ 『スヴァネティの塩』(1930)、『軍靴のなかの
釘』(1931)、『鶴は翔んでゆく（戦争と貞操）』(1957)

レオ・エサキア 『シャキリ』(1932)

ダヴィト・ロンデリ 『失われた楽園』(1937)、『ジュルガイの楯』(1944)

ニノ（ヌツァ）・ゴゴベリゼ 『ブバ』(1930)

ディオミデ・アンタゼ 『監視小屋』(1941)、『彼はまた戻る』(1943)

ニコロズ・サニシュヴィリ 『ダヴィト・グラミシュヴィリ』(1946)、『幸せな
出会い』(1949)、『長老ゴチャ』(1964)、『チェルメン』(1970)

コテ・グルゼリシュヴィリ 『おはよう』(1941)

イオセブ・トゥマニシュヴィリ 『ダヴィト・グラミシュヴィリ』(1946)

ヴァフタング・タブリアシュヴィリ 『ケトとコテ』(1948)、『偉大な師の右手』

（1970）

シャルヴァ・ゲデヴァニシュヴィリ 『ケトとコテ』（1948）

シコ・ドリゼ 『最後の十字軍兵士たち』（1933）、『ジュルガイの楯』（1944）、
『トンボ』（1954）、『ファティマ』（1958）、『都市は早く眼を覚ます』
（1967）

コンスタンティネ・ピピナシュヴィリ 『橋』（1942）、『アカキの揺りかご』
（1947）、『原子潜水艦』（1956）

レヴァズ（レゾ）・チヘイゼ 『青い目のロバ』（1955）、『わが団地』（1956）、
『戦火を越えて』（1964）、『苗木』（1972）

テンギズ・アブラゼ 『青い目のロバ』（1955）、『他人の子供たち』（1958）、
『僕とおばあさんとイリコとイラリオン』（1962）、『祈り』（1967）、『私の
恋人のための首飾り』（1971）、『希望の樹』（1976）、『懺悔』（1984）

ヴァフタング・チャブキアニ 『オセロ』（1960）

テンギズ・ゴシャゼ 『少年と犬』（1964）

エルダル・シェンゲラヤ 『冷たい心の物語』（1958）、『雪のお伽話』（1959）、
『白いキャラバン』（1963）、『奇妙な展覧会』（1968）、『奇人たち』（1973）、
『サマニシュヴィリの継母』（1977）、『青い山――本当らしくない本当の
話』（1983）、『葡萄畑に帰ろう』（2017）

ギオルギ・シェンゲラヤ 『アラヴェルドバ』（1962）、『マツィ・フヴィティア』
（1966）、『ピロスマニ』（1969）、『ヴェラ地区のメロディー』（1973）、『若
き作曲家の旅』（1984）

オタール・イオセリアーニ 『四月』（1962）、『落葉』（1966）、『グルジアの古
い歌』（1969）、『歌うつぐみがおりました』（1970）、『田園詩』（1975）、
『唯一、ゲオルギア』（1994）、『群盗、第7章』（1996）、『月曜日に乾杯！』
（2002）、『ここに幸あり』（2006）、『汽車はふたたび故郷へ』（2010）、『皆
さま、ごきげんよう』（2015）

セルゲイ・パラジャーノフ 『ざくろの色』（1969）、『スラム砦の伝説』（1984）、
『ピロスマニのアラベスク』（1985）、『アシク・ケリブ』（1988）

ラナ・ゴゴベリゼ 『インタビュアー』（1978）、『転回』（1986）

メラブ・ココチャシュヴィリ監督『大いなる緑の谷』（1967）

ギオルギ・ダネリア 『気にするな』（1968）、『ミミノ』（1977）、『不思議惑星
キン・ザ・サ』（1986）

イラクリ・クヴィリカゼ 『クヴェヴリ』（1971）、『アナラの町』（1976）、『泳

ぐ人』（1981）

ラマズ・ホティヴァリ　『ラザレの冒険』（1973）

ケティ・ドリゼ　『クカラチャ』（1982）、『雨がやむまで』（1984）

リアナ・エリアヴァ　『シネマ』（1977）

ショタ・マナガゼ　『気難しい隣人』（1945）、『善人』（1961）

オタル・アベサゼ　『春はすぐ来る』（1967）

カラマン（ググリ）・ムゲラゼ　『私たちの窓の光』（1969）、『ルーツ』（1987）

ミヘイル・コバヒゼ　『結婚』（1964）、『傘』（1967）、『音楽家たち』（1969）

レヴァン・フオティヴァリ　『幸せなロマンス』（1972）

グリゴル（ギガ）・ロルトキパニゼ　『ダタ・トゥタシヒア』（1978）

アレクサンドレ（サシャ）・レフヴィアシュヴィリ　『19世紀ジョージアの年
　　代記』（1978）、『家路』（1981）、『ステップ』（1986）

ノダル・マナガゼ　『あなたの手のあたたかさ』（1972・父のショタ・マナガゼ
　　と共同監督）、『生きている伝説』（1977）、『春は去る』（1983）、『マエス
　　トロ』（1987）

ナナ・ムチェドリゼ　『最初のツバメ』（1975）、『イメレティのスケッチ』
　　（1979）

ソソ・チハイゼ　『トゥシェティの牧人』（1976）

ナナ・ジョルジャゼ　『ソポトへの旅』（1980）、『ロビンソナーダ』（1986）

テムル・バブルアニ　『雀の渡り』（1980）、『兄弟』（1981）、『眠らない太陽』
　　（1992）

レゾ・エサゼ　『ナイロンのクリスマスツリー』（1985）

ダヴィト・ジャネリゼ　『デドゥナ』（1985）

ザザ・ウルシャゼ　『三軒の家』（2008）、『みかんの丘』（2013）、『告白』（2017）、
　　『アントン』（2017）

ギオルギ・オヴァシュヴィリ　『向こう岸』（2009）『とうもろこしの島』（2014）
　　『ヒブラ』（2017）

ナナ・エクフティミシュヴィリ　『母を待つ』（2011）、『花咲くころ』（2013）、
　　『私の幸せな家族』（2017）

レヴァン・トゥトベリゼ　『カラバフへの旅』（2005）、『モイラ』（2015）

アレクサンドレ（アレコ）・ツァバゼ　『ロシアの三角形』（2007）

レヴァン・コグアシュヴィリ　『ジョージアから来た女性たち』（2008）、『路上
　　の日々』（2010）、『ブラインド・デート』（2013）

サロメ（ヌツァ）・アレクシ゠メスヒシュヴィリ　『幸福』（2009）
ルスダン・チコニア　『微笑んで』（2012）
ティナティン・カジリシュヴィリ　『花嫁たち』（2013）
ヴァノ・ブルドゥリ　『紛争地帯』（2009）
テオナ・ムグヴデラゼ゠グレナデ　『兄弟』（2012）
レヴァン・ザカレイシュヴィリ　『トビリシ・トビリシ』（2005）
ルスダン・グルルジゼ　『他人の家』（2016）
ソフィア・バブルアニ　『戦う前にあなたは何を願えるのか』（2012）
ゲラ・バブルアニ　『13』（2005）
ニノ・バシリア　『アナの暮らし』（2016）
レゾ・ギギネイシュヴィリ　『人質たち』（2017）
ザザ・ハルヴァシ　『泉の少女ナメ』（2017）
マリアム・ハチャヴァニ　『デデ』（2017）
ルスダン・ピルヴェリ　『スサ』（2010）
アナ・ウルシャゼ　『あぶないお母さん』（2017）

＊製作年はグルジア・ナショナル・フィルモグラフィ等を参考にしました。

本書におけるジョージア映画の監督と作品　　243

参考文献

『ピロスマニ』プログラム（岩波ホール）

『落葉』プログラム（岩波ホール）

『インタビュアー』プログラム（岩波ホール）

『希望の樹』プログラム（岩波ホール）

『グルジア映画の巨匠たち』プログラム（岩波ホール）

『懺悔』プログラム（岩波ホール）

『汽車はふたたび故郷へ』プログラム（岩波ホール）

『みかんの丘』『とうもろこしの島』プログラム（岩波ホール）

『皆さま、ごきげんよう』プログラム（岩波ホール）

『花咲くころ』プログラム（岩波ホール）

友 1981年3月号（岩波ホール）

友 1987年7・8月号（岩波ホール）

『パラジャーノフ生誕90周年映画祭』プログラム

『放浪の画家ピロスマニ』プログラム（パイオニア映画）

LE CINEMA GEORGIEN（Centre Pompidou）

イオセリアニに乾杯！（エスクァイア マガジン ジャパン）

コーカサスを知るための60章（明石書店）

グルジア現代史（前田弘毅・東洋書店）

コーカサス国際関係の十字路（廣瀬陽子・集英社）

日本グルジア友の会会報1・2・3・4（日本グルジア友の会）

虎皮の騎士（ショタ・ルスタヴェリ作・袋一平訳・理論社）

豹皮の勇士（ショタ・ルスタヴェリ作・大谷深訳・ＤＡＩ工房）

僕とおばあさんとイリコとイラリオン（ノダル・ドゥンバゼ作・児島康宏訳・
　　未知谷）

祈り　ヴァジャ・プシャヴェラ作品集（児島康宏訳・冨山房インターナショナ
　　ル）

ニューエクスプレス グルジア語（児島康宏・白水社）

知られざる魅惑の国グルジア（加固寛子、児島康宏・クリエイティブ21）

哀切と痛切（小栗康平・平凡社）

希望（エドアルド・シェワルナゼ・朝日新聞社）

ロシア雑記（水野忠夫・南雲堂）

ロシア・アヴァンギャルド未完の芸術革命（水野忠夫・パルコ出版）

マリ・クレール　水野忠夫とジョルジャゼ対談

等身大のソ連「民族の問題1」（高橋清治他・有斐閣選書）

ペレストロイカを読む（御茶ノ水書房）

ユリイカ 総展望──ソ連カルチュア・マップ1991年5月号（青土社）

アレクサンドレ・カズベギ作品選（三輪智恵子訳・成文社）

ジョージアのクヴェヴリワインと食文化（誠文堂新光社）

世界遺産になった食文化5・グルジア料理（ＷＡＶＥ出版）

谷川雁詩集（国文社）

夏の花・心願の国（原民喜・新潮社）

コーカサス民話集・森の精（片山ふえ訳・東洋文化社）

世界映画史（ジョルジュ・サドゥール・丸尾定訳・みすず書房）

ほぼ日刊イトイ新聞　2014年11月

シネフロント　2016年10月号

ジャックと豆の木　2016年冬号

画集「ニコ・ピロスマニ 1862-1918」（文遊社）

放浪の画家ニコ・ピロスマニ──永遠への憧憬、そして帰還（はらだたけひ
　　で・冨山房インターナショナル）

放浪の聖画家ピロスマニ（はらだたけひで・集英社）

大きな木の家──わたしのニコ・ピロスマニ（はらだたけひで・冨山房インタ
　　ーナショナル）

写真提供

クレストインターナショナル

ザジフィルムズ

パイオニア映画

ハーク

パンドラ

ビターズ・エンド

ムヴィオラ
岩波ホール
ジョージア国立フィルムセンター
ジョージア映画遺産保護協会
上記以外は著者撮影

カバー表1と見返しは『放浪の画家ピロスマニ』より（パイオニア映画提供）
カバー背は『デドゥナ』より

ニコ・ピロスマニ『葡萄棚の酒宴』と著者

はらだ たけひで（原田 健秀）

1954年東京生まれ。絵本作家。1989年絵本第1作『パシュラル先生』で産経児童出版文化賞入賞。1992年『フランチェスコ』でユニセフ＝エズラ・ジャック・キーツ国際絵本画家最優秀賞受賞。主な作品に、絵本では『大きな木の家―わたしのニコ・ピロスマニ』『こころには森がある―パシュラル先生のはるかな旅』『パシュラル先生の四季』『しろいおひげの人』など。著書に『放浪の画家ニコ・ピロスマニ―永遠への憧憬、そして帰還』『放浪の聖画家ピロスマニ』がある。1975年より岩波ホールに勤務。

© 2018, HARADA Takehide

グルジア映画への旅
映画の王国ジョージアの人と文化をたずねて

2018年4月5日印刷
2018年4月20日発行

著者　はらだたけひで
発行者　飯島徹
発行所　未知谷
東京都千代田区神田猿楽町2丁目5-9　〒101-0064
Tel. 03-5281-3751 / Fax. 03-5281-3752
［振替］　00130-4-653627
組版　柏木薫
印刷所　ディグ
製本所　難波製本

Japanese edition by Publisher Michitani Co. Ltd., Tokyo
Printed in Japan
ISBN978-4-89642-548-2　C0074